シリーズ ケアをひらく

カウンセラーは何を見ているか

信田さよ子

医学書院

カバー・本文画　一ノ瀬かおる

はじめに――「聞く」と「見る」

二つのエピソードを書くことから始めたい。

十五年ほど前のことだっただろうか、私はある学会の理事に選出され、初めて理事会に出席した。三十名近い理事たちが大きなテーブルを囲んで座り、議長が選出され、議題が一つずつ粛々と討議されていった。

専門書でしか名前を知らないような偉い先生たちは、その多くが大学教授だった。緊張しながら座っていた私は、発言する理事の顔を見ながら「聞いていますよ」という表情を示した。仕事柄、当然の態度だと思っていたからだ。

ところがそのうち奇妙なことに気づいた。理事のうち、三分の一ほどの人たちは目をつむっているのだ。最初は見間違えたのかと思い目を凝らしてみたが、やはりどう見ても目を閉じている。議長の隣に座っている人も討議の最中に目を閉じているので、気が気ではなかった。こんなに多くの理事が眠っているなんて議事の進行に悪影響を及ぼすのではないか。いったいどうなっているのだろうと不安がつのった。

ところが目を開いている他の理事の人たちは、それほど不安がっている様子もない。いつものことだから慣れているのだろうか。私はこんな失礼な態度に慣れることなどできない。

イライラしながらそう考えていたが、しばらくすると、もっと驚くことが起きた。目をつむって眠っているようにみえた理事が、自分の番になったらパッチリと目を開いて、それ以前の議事の流れに沿った見事な発言を展開したのである。な〜んだ聞いていたのか、と安堵すると同時に、ではなぜ目をつむって聞いているのだろうという疑問が湧いた。

この驚きは、背景がわかることで少しずつ解消していった。多くの心理療法の専門家は、養成課程でそのような話の聞き方を教えられるという。クライエントの話を聞くときは、あえて目をつむり耳を傾ける。理事会において目をつむっていた人たちは、話が佳境に入るにつれ、真剣に聞くためにそうしていたのである。なかには腕を組んで目をつむって聞く人もいる。私はそんな養成課程を経験することがなかったので、驚いてしまったわけだ。

目をつむる理由はおそらくこうだろう。話をする人の顔を見て、ときにはうなずきなら話を聞くという日常の人間関係は、「目をつむる」という行為によって転換される。クライエントにしてみれば、自分を見ていない人に向かって一方的に語りかけることになり、そこに非日常的で特権的な関係が生まれる。その関係性こそが心理療法においては必要だとされるのだろう。もう一つ、クライエントの言葉を聞くためには、見えないほうがいいと考えられているのかもしれない。表情を見ることで、語られる言葉の純粋性が失われる。だから専門家は目を閉じて、クライエントの語る音声だけに神経を集中するのだ、と。いずれにしても、私からは見えない世界に沈潜しているようだった。

時はもっとさかのぼり一九七〇年代初頭。東京の西のはずれ、高尾にある精神科病院の心理面接室で、私はアルコール依存症の患者さんと向かい合って座っていた。窓はよく磨かれていて外の風景がくっきりと見えた。南向きのその部屋は日当たりも満点だった。しかし私は緊張のあまり、窓から見える高尾山に目をやったり手にしたボールペンをいじったりしていた。

勤務開始後一週間経った私は、生まれて初めて「個人面接」というものを任されたのである。私はそれまでの大学院教育では集団（グループ）による臨床経験しか積んでこなかった。心理劇（サイコドラマ）はもちろん、三歳児の母親グループの活動も一対一ではなかった。そんな私にとって、一つの部屋に患者さんと二人で座るという状況は、事前に想像していたよりはるかに不安で怖いものに思えた。ああ、これが心理劇だったら……。何度もそう思った。

グループだったら、そこには私と患者さん以外にも大勢のスタッフや患者さんがいるだろう。とにかく二人だけではない。私を見る人たちはたくさんいるけれど、私も逆にその人たちを見ることができる。私が話せば多くの目が私を見つめるのだが、別の人が話すときには、私はそれを観客として見ることができるのに……。

＊

私にとって「聞く」とは、「見る」以上のものではない。聞く言葉は、ドラマや映画の脚本のように、見ることのできる世界に接続されて初めて意味を持つ。今では、一対一のカウンセリングであっても、部屋の中で二人だけの気がしないようになっている。そこにはいないけれど、クライエントの語る言葉に登場する人（母や夫、子ども、知人など）が私の頭の中に現れるのだ。その人の顔や服装までも私は見ることができる。

十五年近く前に出会った目をつむって理事会に出席していた人たちも、私と同じように音声を聞きながら頭の中では何かを思い描いて、つまり「見て」いたのかもしれない。それは、私の「見る」とどこが異なるのだろう。確実に言えることが一つだけある。目の前に繰り広げられる姿や動きを見ながら、私は驚愕し、圧倒されている。話を聞きながら視覚化されたものに、私はひれ伏している。見ることで私は現実に降伏しているのだ。

見続けること、子細に見ること、言葉を視覚化すること。したがってこれらは私にとって決定的に重要であるとともに、けっこう楽しい作業だと言わざるを得ない。なぜなら制圧されひれ伏すことは、実はこのうえない快楽なのだから——。

本書はそんなカウンセラーである私が、見たことを描きつつ、読者のみなさんは、カウンセラーである私を見ることができるような仕掛けになっている。本書を読みながら、挿絵を見ながら、楽しんでページを繰っていただきたい。

カウンセラーは何を見ているか　目次

第1部

すべて開陳！私は何を見ているか

1 私は怖くてたまらない

1　武者震いの日

カウンセラーという職業を選ぶのはどんな人だろう。毎日どのようにしてカウンセリングを行っているのだろう。休憩はどのようにとっているのだろう。そもそもカウンセリングが「感情労働」だとすれば、どのようにして疲れを癒しているのだろう。

読者には同じ援助職の方も多いだろうが、私のように街角で開業しているカウンセラーはそれほど多くないと思う。精神科クリニックの隣に併設されているカウンセリング機関でもなく、公的機関におけるカウンセラーでもない。精神科医が診察のかたわら「じゃ、カウンセリングするからね」と言って話を聞くのとも違う。

私はカウンセリングを実施し、その対価としてクライエントから料金（セッションフィーとも呼ぶ）を支払ってもらう。その収入でカウンセリングセンターを経営し、スタッフを十五名雇用している。この原稿を書いているのは、ちょうどスタッフ全員に賞与を手渡した当日である。

経済的基盤をどのように得ているかは、実はカウンセラーにとって大きなテーマである。それ抜きにカウンセラーを語ることはできないほど、説明しなければならないポイントはたくさんある。その点もおいおい書いていくつもりだ。

さて、その前に少し歴史を巻き戻して一九七〇年代にさかのぼり、私が精神科病院に勤めるようになったところから見ていくことにしよう。歴史は遡及的に構築されるものだが、カウンセラーである信田を見るためには、出発点までにさかのぼり、源流となったいくつかのエピソードを記す必要があるのだ。

逆あみだくじ的即決！

一九七一年の三月初旬のことだった。夜遅く、別の大学を卒業した知人から電話がかかった。

「信田さん、精神病院に勤める気ない？」

唐突な質問だったが、彼女の言葉を聞いたとたん、私は迷わず勤める決心をしていた。今から思えば、病院の名前も、週何日働くのか、何をすればいいのか、といった具体的なことを何も聞かないまま、勤務を決めてしまったことになる。私の決断の仕方はいつもこうなのだ。記憶をたどっても迷ったことはなく、長くてもたいてい五秒で決定してしまう。

深読みすれば、迷っている状態への耐性がないともいえるが、どうもそればかりではないという気がする。すでに選んでしまっているところに決断するチャンスがあとから巡ってくるという感じである。「選んでいる」ということを明確にするために、わざと他の選択肢に目配りしてみる。たとえば、本命は決まっているのにわざわざ別の男性とちょっとつきあってみる、みたいなものだ。

まるであみだくじを逆にたどっているようにも思える。意識化されずとも何かを希求していると、それを選ぶチャンスが空から降ってくるのかもしれない。

手応えと物足りなさと

当時、大学院で児童臨床学を学んでいた私にとって、主たる臨床実習は、三歳児とその親を対象とした児童集団研究会での活動だった。それとは別個に、毎月一回の土曜日に実施される心理劇研修会にも参加していた。

大学院の指導教官である松村康平先生からは、とにかくまず動いてみること、動きながら考えるようにと言われた。事前に考えていた予測内容を超える現実が「動くことで見えてくる」。そのことを体験的に学んだのだ。さらに集団・グループにおける臨床を積み重ねることで、関係の構造、機能、役割といった視点が養われることになった。パーソナリティ、無意識、人格構造といった心理学定番の用語は、その研究室では使われることはなかった。

現在の私の臨床スタイルの源流は大学院の三年間にあるといってもいい。既成の理論、諸外国の文献に権威を置かず、自らの臨床経験から法則を読み取って技法化し、理論を構築していくというスタイル——これは自分で考えることにこそ価値があり、課題意識をつねに持ち続けることをよしとする松村先生に負うところが大きい。

論文の書き方、あるいは横文字やカタカナを使いこなす方法はそれほど熱心に教えられた記憶はないが、臨床研究の基礎はみっちり教えられた。なにより大きかったのは、自分の「立場」をはっきりさせるように厳しく言われたことだ。科学的客観性をバックにした一見もっともらしい論述は、その実、自らの寄って立つ考え方を無条件に正当化している。

臨床活動における理論や技法には多くの流派があり、自分がその中のどの立場であるかを明示することは、学びの系譜を示すと同時に、指導教官への敬意を表すことになる。ときには、その「立場」にとらわれてしまい、新たな視点を得る柔軟性と齟齬をきたすような気がすることもあった。しかし、松村先生は自分の指導が一種のイデオロギー的硬直につながることを望んでいたわけではない。おそらく、欧米の新しい理論に飛びつき、次々と衣装を取り替えていくような臨床家の姿を批判的に見ていたのだ。基礎となる人間観や哲学まで掘り下げることなく、効果がありそうだ、最新の流行だからといって取り入れる姿勢を無節操であると考えていたに違いない。あれから長い歳月が流れたけれど、今でもカウンセラーとしての「立場」を絶えず問いかけている自分に気づかされる。

しかしながら、いっぽうで、私の中につねに物足りなさがあったことも事実だ。一九七〇年といえばまだ学生運動がさかんだった。三歳児の集団活動をしている砂場の塀の向こう側には道路が走っており、美濃部亮吉都知事候補の選挙カーが名前を連呼しながら走っていた。

学生のデモが一定の社会的影響力を持っており、当時の私の問題意識も社会科学的な色彩を帯びていた。いっぽうで文学への関心も強く、実存主義哲学に影響された国内外の作品を読みふけっていた。そんな私は、三歳児の集団活動に参加しながら、漠然とした手ごたえのなさに苛立っていた。砂場で山をつくり、お団子を手で丸め、赤カブの種を畑にまき三週間で収穫する。子どもたちがつながって汽車の列をつくり、母親がつくるトンネルをくぐって走る。そのような活動をしながら少しも楽しく感じられなかった。こんなことをしていていいのだろうか、もっと別のことができないだろうかと焦っていた。

子どもを対象とすること自体に不満はなかったが、もっと直截に成人の臨床にかかわりたかった。臨床をとおして人間とかかわりたかった。

「人間の深奥をのぞきたい」という、今でも臨床心理学を志す一部の人たちに見られる、どこか鼻持ちならない欲望が私をとらえていたのだった。

医者にできないことを

児童集団研究会の活動に参加することが某国立大付属幼稚園合格の近道であるという噂が広まっていたせいか、参加希望の三歳児の母子にはある共通点があった。見るからに育ちのよさそうな子どもと、妙に色っぽく美人ぞろいの母親たちなのだ。

今でこそ当たり前になっているが、当時はめずらしかった胸の谷間が見えるような深い襟ぐりのドレスを着た美しい母親のことは今でもありありと思い出すことができる。大きな目の彼女は、三歳児の息子がいるなど想像もできないほど、表情にどこか幼さを残していた。それとなく全身を眺めながら、こんな魅力的な女性をたった一人の男性が独占していいものだろうか、などと考えることだけが私の楽しみだった。当時三歳だったあの子どもたちは、今は四十歳を過ぎているはずだ。いちど会ってみたいという思いに駆られることもある。

そんな私に友人から電話がかかったのだ。すでに機は熟していた。私はその電話をどこかで待ち望んでいたのだった。

二つ返事で決定した私は、松村先生に事後承諾のかたちでそのことを伝えた。研究室の伝統ではどんな仕事も、たとえアルバイトであっても、まず指導教官に相談してから決めるものだということを私は後に知ったのである。しかし先生はひとことも責めることなく、そうですか、と了承された。そしてぽつりとおっしゃった。

「医者にできないことをしなさい」

その言葉の意味を、今日に至るまで私は何度も噛みしめることになる。

鍵と白衣と、日の当たる部屋

K病院は東京の西郊にあり、JRの終点の駅から旧甲州街道を十分ほど歩き、途中から右にそれてゆるやかな坂道をしばらく上ると、左側に見えてくる。

その道は高尾山への登山道であり、江戸時代には甲州に抜けるための関所が病院の近くにあったという。中央道の小仏トンネルという名前は、そこに関所で捕らえられた人の刑場があり、さらし首が置かれたのが由来だという。病院の裏手を見下ろすと、眼下には松本まで伸びる中央線が走っていた。入院中の患者さんが、鉄道に飛び込み自殺を図ることが何度もあったらしい。

院長と面接をした私は、大学院の傍ら精神科病院の心理室で週三日の仕事をするようになった。

病院の隣には、かつての経営者である医師一族の豪邸が建っており、入り口から見事な日本庭園をのぞくことができた。

私が入職する二年前に、入院患者に対する不当な使役が問題とされ、K病院には東京都衛生局から監査が入った。新聞記事にもなったほどの事件なのだが、発覚したのは一人のアルコール依存症の患者さんが脱走して警察に飛び込んだからである。

K病院だけでなく、八〇年代の栃木県の宇都宮病院事件をはじめとして、精神科病院の患者への不当な扱いのほとんどがアルコール依存症患者からの告発に端を発していることは象徴的である。入院してアルコールが抜ければ、彼らはたちまち常識や判断力を取り戻し、病院の治療体制の問題点を見抜くことができるのだ。

それを機に院長は交代し、東京都衛生局にいた医師が新院長となり、人事も大幅に入れ替えが行われた。新体制の使命は「アルコール依存症の治療体制の充実」だったのも無理はないだろう。私に期待されていたのも、アルコール依存症の患者さんを対象とした集団精神療法の実施であった。松村先生のもとで学んだ集団運営の技法や心理劇（サイコドラマ）の活動が役に立ったのである。

病院には広い運動場があり、夏には盆踊り大会が開かれ、狭いながらもプールでは患者さんが泳いでいた。秋には運動会も開催されたが、高尾山の山すそにあるためかとっぷりと日が暮れるのも早かった。運動場を囲んでコの字型に二階建ての病棟が並んでいた。医局はもっとも日当たりのよい建物の二階の角部屋に位置し、その隣に心理室があった。

かつてそこは精神科と内科（結核患者がほとんどを占めていた）の合併症病棟として使用されていた。戦後の肺結核が流行した時代の名残りである。広々とした心理室や隣の心理検査室が妙に清潔感溢れるつくりだったのは、結核患者さんのために日光を取り入れる設計になっていたからだ。

勤務の第一日目に、事務長から病棟を自由に出入りするための鍵を渡された。最初に鍵を手にしたときの感触を、私は今でも忘れることができない。

二十四歳の小娘が、ジャラジャラと音のする鍵の束を手にし、多くの人間を合法的に拘束できる立場につくこと、そんなことが許されてもいいのだろうかと身震いを禁じえなかった。表向きは平然としていたものの、その重さに耐えかねて、衝動的に「すみません、辞めさせていただきます」とさえ言いそうになった。

鍵の説明のあと、今度は白衣を渡され、私専用のロッカーが与えられた。ロッカー室が医師と共用だったことは、私たち心理室のスタッフがその病院では〝名誉医師〟として位置付けられていることを示していた。

生まれて初めて白衣というものに腕を通し、鏡に映った姿を見た私は、先ほどの畏れとは裏腹にいっぱしの専門家になったつもりになった。自衛隊や警察官のように、制服はある種の権力の象徴である。それを身に付けたとたん意識は規定されてしまうのだろうか。精神科病院における白衣とは、治療する側であること＝患者でないことを示し、さらに職員間における位置、つまり看護師ではないことも表していた。

二十四歳の私は、勤務初日の朝、白衣のポケットに入れた鍵の感触を確かめるたびに身が震えるような畏れを感じながら、いっぽうで白衣をまとう立場にあることの心地よさも味わっていた。

強烈なにおいの洗礼

新体制を立ち上げた病院らしく、ソーシャルワーカー（ＰＳＷ）も心理室のスタッフも皆年齢が若かった。今から思えば全員二十代から三十代ではなかっただろうか。精神科医も病棟担当医の多くが三十代だったことを思うと、病院全体にやる気がみなぎっていたのだろう。

最初の一週間は、心理室長のS先生によるさまざまなオリエンテーションを受けた。精神科病院勤務が初めてである私のために、一か月にわたる研修プログラムを組んでくださっていた。それとは別に、病棟担当医が時間が空いているときを見計らって、私を各病棟に連れて行き患者さんへのお披露目をしてくれた。生まれて初めて精神科病院に足を踏み入れる経験だった。

男女それぞれに開放病棟と閉鎖病棟があり、後者は今でいう急性期病棟だった。ガチャリと鍵の音を立てて扉を開けた病棟医の後に続きながら、初めて男性の閉鎖病棟に入った。その瞬間の衝撃をどう表現したらいいのだろう。なにより、あの「におい」に驚かされた。

むっと鼻をつくにおいは一瞬吐き気を催すほどだった。しかしそれまでに一度も嗅いだことのないそのにおいは病棟全体に充満しているので、数秒間経つと慣れていくこともわかった。

当時の病棟はベッドではなく、真ん中の通路をはさんで両側に一段高くなった畳敷きのスペースがあった。夜はそこに布団を敷いて眠る。どこか既視感を覚えたのは、大学の寮も同じ構造だったからだ。

しかし病棟の畳は擦り切れて赤茶けていた。窓には格子がはまっており、医局と比べると日当たりはよくない。よく目を凝らすと、薄暗い病棟内部にはぎっしりと患者さんが詰め込まれている。首をうなだれて歩いている人、腹部がふくらんで動けないほど太っている人、床に座り込んだままの人……そんな患者さんのあいだをかき分けて歩く医師の後に従いながら、私は怖くてたまらなかった。

なかには私の顔を見て近寄ってくる人もいたが、決して身体に触れることはなかった。中井久夫先生が書いているように、人口密度がきわめて高い病棟なのに、患者さん同士や病棟スタッフと決してぶつかりあうことはなかった。にもかかわらず、私は怖かった。

患者さんに対する緊張に加え、病棟医に自分の怯えを感知されないようにすることにもかなり神経を集中させていた。驚きや吐き気、怯えや緊張をおくびにも出さず、悠然として患者さんに「こんにちは」と挨拶を繰り返していた。

しかし内心ではかなりハイテンションになっており、笑顔も不自然だっただろう。まるで猫が毛を逆立てているような、精いっぱいの笑顔だったかもしれない。でも、患者さんが近寄ってきて名前を聞かれると「信田っていいます」などと余裕しゃくしゃくの受け答えをしてみせた。

病棟を一巡りし、やっとの思いで看護室にたどりついた。医師の背中に隠れるように鍵を開けて中に入ると、幅広い年齢層の看護師たちがいっせいに私を眺めた。医師が簡単に私を紹介してくれたが、彼女たちの視線は少し私をたじろがせた。なんともいえないその感じは、それまでに経験したことがなかったわけではない。

同じ女性として、さまざまな思いや感情が入り混じった視線を向けられる事態にたびたび遭遇してきたが、私の対処方法はたった一つしかなかった。思いっきり正直に自分を全開にすること、それだけである。医師に対して精いっぱい張っていたシールドは、彼女たちには不必要だ。むしろそんなものは見透かされるに違いない。私は深く頭を下げて、ていねいに挨拶をした。

「心理室の信田といいます。これからよろしくお願いします！」

そのとき全身の緊張がふっとゆるんだ気がした。私を見つめる多くのまなざしは不快なものではなく、仲良くしましょうねというメッセージに満ちているようにも感じられた。

病棟を統括する力を持つ医師には見えないものが、彼女たちには見えている。そして「患者さんたちの生活」というリアルな世界は、心理職である私には手の届かないところにある。漠然とではあったが、そう感じられた。結果的にはそのような直感が、病院勤務における私と看護師との関係をつくり上げていくためには大きな力になった。

恐怖と快楽のアマルガム

閉鎖病棟の鍵を開けて外に出たとたん、私は深呼吸をした。あのにおいにいつのまにか慣れたと思っていたが、やはり少しだけ呼吸が浅くなっていたのかもしれない。病棟にどれくらいの時間いたのかわからないほど私は緊張していたようだ。しかし同行してくれた医師には、そんな自分を感づかれないようにしなければならない。

「先生、ありがとうございます。勉強になりました」

明るく礼を言って、私は頭を下げた。

すべてが強烈でこの世のものとも思えない世界だった。しかし私は病院を辞めたいと思うどころか、とてつもない冒険に乗り出すような思いにとらわれていた。大学院の研究室の誰も知らず、誰も経験もできないだろう世界にこれから足を踏み入れていくのだと思うと、マラソンレースの先頭を切って走るのにも似た快感を覚えた。

翌日からは自分で鍵を開けなければならない。私は頭の中でシミュレーションをした。

ガチャリと扉を開けた瞬間、多くの男性患者の目が私に向けられるだろう。そこは異世界である。一瞬息を止め、充満するにおいを浅く吸いこみながら足を踏み入れる。大学院のどんよりとした生ぬるい空気の中では満たされなかった何かは、そこでは雲散霧消してしまうだろう。精神科病院の閉鎖病棟という世界と私は、互角に緊張をはらんで向かい合うことになる。

内心震えるほどの恐怖は、武者震いとどこが違っただろう。生まれて初めての仕事が精神科病院勤務であることにためらいはなかった。それは、四つに組んで向き合っていくに足りる世界と思えた。

今から思えば、このようにかなり誇大的で自信過剰なほどの意気込みで、私は心理職としての第一歩を踏み出したのである。

2 告白

精神科病院は、刑務所と並んで合法的に人の自由を拘束できる数少ない場所である。そこに自由に出入りする権利の象徴である「鍵」を手にした瞬間の畏れや不安、そしてわずかの恍惚について述べたが、もう一つ取り上げなければならないことがある。閉鎖病棟に足を踏み入れた瞬間に私が抱いた強い恐怖感についてである。

実は今、正直にこう書くには勇気がいった。精神科病院に勤務する者が「患者さんが怖い」と言うことはタブーである。少なくとも当時の私はそう考えていた。

第2部「カウンセラーは見た！」において、〈私〉がノジマさんに抱く恐怖、そこから始まるフラッシュバックと保護室での経験は山場の一つだ。

もちろんそれはフィクションであるが、現実に保護室で同じ状況に遭遇してもそれほど怖くない人もいるだろう。病棟医が〈私〉のことを「怖がり」と吹聴したのは、やはり怖がる度合いが大きかったからではないだろうか。原稿を書きながらずっと私は考えていた。〈私〉の、そして今これを書いている私の恐怖はどこからやってきたのだろう、はたしてどこかに淵源があるのだろうか、と。

私は怖い

告白ついでに書いてしまおう。私はそもそも独語や空笑をする人たちが怖いのだ。しばしば電車でそのような人に遭遇することがある。女性より男性のほうが怖い。不自然な笑みを浮かべ大声で話しながら車両の端から端まで往復している男性に遭遇したときなど、次の駅で降りその電車をやり過ごしたり、別の車両に乗り換えたりしたこともめずらしくない。

さらにアルコール依存症が専門だと豪語しているわりに、酔っ払いも怖い。終電間際の帰りの電車で酔っ払いが隣の吊革にもたれ掛かっているときなど、全身が恐怖で固まってしまう。平気で薄笑いを浮かべ、知らんふりのできる人が心底うらやましい（ちょっと大げさだが、これらは本邦初公開の事実である）。

もちろん、理由はいくつでも挙げることができる。意思疎通のできない存在であること、その行為や反応が予測不能な存在であること、おまけに男性で体格も力もはるかに勝る存在であること。

これらは恐怖を抱くのに十二分な条件である。猛獣を前にした恐怖にも似ている。とすると、私は精神科病棟の男性患者さんや電車内の酔っ払い、独語空笑を繰り返す男性のことを猛獣と同じ存在ととらえていたのだろうか。

どうもそんな理由だけでは不十分な気がしていた。いくらなんでも猛獣と同一視していたなどと思いたくはない。あれこれ考えているうちに、私はいつのまにか記憶をたぐりよせていた。カメラのフォーカスが徐々に絞られて、像がくっきりと浮かび上がるように、小学五年生のある体験がよみがえってきた。いや、よみがえるという表現は正確ではない。忘れていたことが不意に思い出されたわけではないからだ。私はそのことを忘れたことなどないし、ずっと覚えていた。

秋の日のマツゴ掻き

晩秋の澄んだ青空のもと、小学五年生の私は仲良しのミナちゃんと、午後三時半に近所の空き地で待ち合わせていた。二人とも背中に竹製の籠《かご》を背負い、手には熊手を持っている。

私の生まれ育った町は、岐阜駅からまっすぐ北に、単線の路面電車で四〇分ほど揺られた終点に位置していた。線路と伴走するように細い街道がくねくねと走り、その道をさらにひたすら北へ北へと向かっていけば、いくつもの山深い峠を越えて越前の国（福井県）に至る。

かつてその町は、東海道から越前に抜ける街道の宿場町でもあった。私の実家は江戸時代の終わりから明治にかけて、そこで小さな旅館を営んでいた。旅館の宿帳には、明治維新の際、水戸の落ち武者が越前に逃げるとき立ち寄ったという記録も残っている。

私の記憶にある太陽は、いつも山から出て山に沈んだ。西には伊吹山、北には白山、東にはずっと先に木曽御嶽山がそびえているのだと言い聞かされて育ったが、目に入るのはもっと低い里山の数々だった。町と隣村の境界には必ず山があった。お盆のように丸くて低い緑の里山がいくつも連なり、そのあいだには水田が隙間なく広がっていた。

稲刈りの終わった晩秋には、マツゴと呼んでいた枯れた松葉が山肌にふんわりと降り積もり、踏みしめるといいにおいがした。

当時の風呂の燃料は、薪や枯葉、稲わらだったので、秋の山は燃料調達の格好の場だった。なかでもマツゴは油分を含んだ葉がパチパチと音を立てて勢いよく燃えるので、杉葉と並んで人気があった。風呂焚きもあの音が聞けると思うと楽しみで、そのための「マツゴ掻《か》き」も、手伝いというより胸の躍る遊びの一つだった。

私とミナちゃんは、竹で編んだしょい籠の中にマツゴをいっぱい詰めて帰ろうと計画していた。ひんやりとした空気の中、私たちは手をつないで、陽が暮れる前に山を下りられるようにと、早足で山に向かった。金毘羅《こんぴら》山と呼ばれていたその山は、見上げればこんもりと常緑樹に覆われている。

踏み固められていない乾いたマツゴを掻くために、二人はわざと登山道を避けて登った。何度も途中で立ち止まり、熊手でマツゴを掻いて籠に詰める動作を繰り返しながら登っていくと、秋の夕暮れを知らせる冷気が徐々に山の上から降ってきた。ミナちゃんと私は無言でひたすらマツゴを掻き、籠に詰め、遠くから響いてくる風の音だけを聞いていた。

突然、「オオーン」という声が聞こえた。呼び声なのだろうか。なんと言っているのかわからないが、たしかに男性の声が山の下のほうから湧き上がるように響いてくる。

互いに顔を見合わせた私たちは、声のするほうを見た。

「あれ、オッチャンかもしれん」

ミナちゃんはつぶやくように言った。

オッチャンとは、私たちと同じ町内のはずれに住んでいた少し年上の男の子のことだ。オッチャンには知的障害があった。少し目のつりあがった風貌だったが、私の小学校の特殊学級に通っていたわけでもない。毎日をどのように過ごしていたのかはわからないが、学校から帰ってから、いつもお宮や公園でいっしょに遊んだ。

オッチャンには美人のお姉さんが付き添ってくることが多く、鬼ごっこやドッジボールに興じるのを遠くから見守っていた。同じ小学校に通っていないことは問題にならず、むしろ言葉があまりうまく話せないために、女の子がお姉さん役を奪い合うほどの人気者だった。

オッチャンの家にはお父さんがおらず、色白のお母さんが三味線を教えていた。お腹が空くと、四～五人でオッチャンの家に上がり込んでドロップをもらい、トランプをしてから帰った。シャボン玉を飛ばすのがとても上手なオッチャンは、皆が褒めてくれるとうれしそうに顔を赤くした。

いつのまにか顔を見なくなったので気になっていたら、誰かが岐阜市の専門の中学校に入ったらしいと教えてくれた。「こないだ見たんやけど、オッチャン、背が高なってニキビができとった」という友達もいた。

「私らからちょっと離れて、オッチャンがついてきたような気がしたんやわ」

私の目を不安そうに見つめながらミナちゃんが言った。

そう言われると、手をつないで一心不乱に山を登りはじめたころ、後ろのほうから人の気配らしきものが感じられたような気がしてきた。マツゴを掻いているとき、何の物音もしなかったと思っていたが、ひょっとして熊手の擦れる音で聞こえなかっただけかもしれない。オッチャンが後をつけて山を登る足音を、私たちは聞き損ねていたのだろうか。

「ウォーッ」

今度ははっきりと聞こえた。さっきより声は近くなっている。

ミナちゃんの顔は少し蒼くなっている。二人は口をそろえて言った。

「どうしよう……」

とっさに、私たちは登りはじめた。下りるわけにはいかなかった。たぶんすぐ下まで、私たちが登ってきた同じ道をオッチャンが上がってきている。早く登らなければ、オッチャンに追いつかれてしまう。

二人とも必死で、マツゴの降り積もる道を滑りそうになりながら、駆け上がる勢いで登った。

どれだけ経っただろう、やっと頂上にたどりついた私たちは、肩で息をしながら、今度は山の反対側の斜面を下りはじめた。

ミナちゃんと私は無言のままだった。マツゴに足を取られて、ミナちゃんも私も何度か滑って転んだが、すぐに起き上がりひたすら下り続けた。オッチャンが追いかけてくるかどうか、確かめることすら怖かった。

夕闇が迫り、視野の先が薄紫色に霞んできたが、きっとどこかにたどり着くはずだと信じていた。しだいに斜面がゆるやかになり、木々の合間からチラリと民家の灯りが目に入ったので、金毘羅山を下りきったことがわかった。

下りたところは、登り口から九十度東側に寄った登山道のはずれだった。山すそを縫って走る小さな川が目に入った。二人はぜいぜいと息を切らし、顔を見合わせた。ほっとすると同時に、涙が出てきた。泣きはじめるとどんどん気持ちが高ぶり、私とミナちゃんは二人そろって号泣しながら歩いた。

その後、家にどうやって帰ったのか、家族にどう説明したのかは覚えていない。たぶん何も言わなかったのだろう。

わからなさが怖かった

一連の出来事を、オッチャンの立場から想像してみる。

久しぶりに二人の幼なじみを発見し、いっしょに遊べるかと思って後をついていった。ニキビもできて、声変わりしてしまったので、近くで声をかけるのがはばかられたからだ。二人は思いもかけず山を登りはじめたので、後をついて同じ道を登っていった。ところが突然、二人の姿が見えなくなった。大きな声で呼んだ。

「オーイ！」

返事がないのでもう一度大きな声で叫んだ。

「オオーイ！」

山の斜面でマツゴを掻いていた私たちには、周囲に誰もいない秋の山で、男性の声が下から吹き上げてくることが恐ろしかった。それがオッチャンだったとしても、かつての少年ではなく「男の人」になったオッチャンは、見知らぬ人と同じだ。野太い男の声で叫ぶオッチャンは、やがて木々をかき分けて私たちの前に姿を現すだろう。落ち葉を踏みしめながら登ってくる足音が聞こえる気がした。

それが何を意味するかはわからない。わからないけれど、きっと未経験の圧倒される何事かが起きるに違いないという直感だけが二人を突き動かした。わからなさが怖かった。ミナちゃんと私は逃げるしかなかった。

逃げはじめた瞬間、小学五年生の二人の判断はぴったりと一致していた。オッチャンには何を言っても通じない、あの叫び声はかつての遊び友達のオッチャンではない、いまだ知らない世界の猛々しさを前に私たちは圧倒され、無力なまま「殺されて」しまうかもしれない、と。

今から思えばそれは「性的」な恐怖感だったと思う。震えるような恐怖、立ちすくみそうになる恐怖。オッチャンが男性であり、性的暴力を行使するかもしれないという危険性からわが身を守るために生まれた恐怖だった。今となってはそう思える。

ミナちゃんとは、その後同窓会で何度も会っているが、不思議にあのときの経験を一度も話したことはない。避けていたわけではないのに、なぜか目の前のミナちゃんと話していると、そのことは頭から離れてしまう。彼女があの日の出来事を、私と同じように覚えているかどうかを確かめたこともない。

つい先日も帰郷した折、あの金毘羅山のふもとを車で通ったが、記憶の世界に残っている山とは別物のように、おだやかに冬の陽を浴びていた。

中空に浮かんだ絵

私はレイプされたわけではない。そもそもオッチャンが実際に姿を現し、この目でオッチャンを見たわけでもない。しかし私のこの経験のメカニズムは、性暴力被害のそれと酷似している。

あのとき二人はひたすら逃げたのだが、もし私一人だったらどうだろう。マツゴ掻きに一人で出掛けるはずはないが、ミナちゃんがもしそばにいなかったらどうなっただろう。はたして私はあのように逃げることができただろうか。

しばしば性暴力において、被害者が逃げなかったこと、抵抗しなかったことが合意の意思表示とされるが、あの秋の夕暮れ、一人ぼっちの私は、山腹で足がすくんで動けなくなっていたと思う。それは決して何かを合意していたわけではない。恐怖ゆえに動けなかったのだ。ミナちゃんがいたから必死で山を登り、頂上から別の斜面を下りることができた。何かに突き動かされて少女二人が決死でとった行動

は正しかった。私たちはなんら被害を受けることはなかったし、私たちに逃げられたオッチャンも「加害行為」に及ぶことはなかったのだから。

ただ、私の記憶に恐怖の痕跡だけが残された。それは五十五年近く経っても消えることはなく、類似の状況に遭遇するたびに、同じような恐怖が私を襲う。痕跡を残した出来事の記憶は、鮮明なまま瞬間冷凍されて脳内の小部屋に保存されている。決してその出来事＝経験を忘却していたわけではない。

性被害、特に近親姦と呼ばれる性虐待の場合、「忘れていたことを思い出す」と表現されるが、正確ではないだろう。私の経験もそれに近い。鮮明なまま覚えているにもかかわらず、冷凍された出来事の記憶はまるで中空に浮かんだ絵画のようだった。時間軸から遊離し、つながりもなく、「意味」も「名前」もないままだった。名付けようもない経験は、記憶の中に軟着陸させることはできないのだ。おそらく性虐待の記憶もそのようにして、暗い宇宙を漂っているのではないだろうか。

言語に導かれて軟着陸

性被害の特徴は、出来事の記憶は茫漠として漂っているにもかかわらず、そのときの恐怖感だけが根深く残っていることである。ある場面に遭遇すると突然恐怖に襲われ、金縛りにあったような呼吸困難や発汗を覚える。フラバ（フラッシュバック）と言ってしまえばそれまでだが、小さな死を体験しているようなものかもしれない。

その苦しさに加え、なぜ、自分にこのような反応が起きたかわからないという不安がさらに症状を増悪させる。そして、弱い自分はだめだ、意志で自分制御できないなんてだらしがないといった自責的な思考回路へと自分を導く。この悪循環を逃れることはきわめて困難であり、多くの性暴力被害者が、その後の人生が根底から変わってしまったと述べていることに深く納得させられる。

あとでお読みいただく第2部で私は、入院体験で遭遇したフラバと、ある患者さんへの恐怖をつなげて書いた。すると不思議なことに、一つの記憶がまるで中空から舞い降りてきたかのように鮮明に浮かび上がり、時系列の中にしっかりと根を張ったという経験をした。

もちろん、怖がりの私は変わらないだろう。これからも電車で酔っ払いに出会えば恐怖で身体が固まり、精神科病院を訪れることがあれば相変わらず閉鎖病棟の男性患者さんのことは怖いままだろう。しかしもはや、訳もなく怖いわけではない。

今の私は、小五のミナちゃんの顔も、オッチャンのお姉さんの横顔も、そして男の子だったころのオッチャンの顔すらも、目を閉じればまぶたにうっすらと思い浮かべることができる。晩秋の里山での出来事は、数十年後に言語化され、「そういうことだったのか」と深く納得できる体験として軟着陸したのである。

2 私はいつも仰ぎ見る

1　一瞬の「上下」勝負

「〇〇さんですか、どうぞこちらにお入りください」

初めて出会うクライエントに、私はにっこり笑いながらこう言って面接室に案内する。その部屋はかなり狭い。さまざまな公的機関（たとえば男女共同参画センターや精神保健福祉センター）の相談室を見学したことがあるが、私がいつも使っている部屋の四〜五倍はある。心底うらやましく思う瞬間である。

ビルのワンフロアを借りているのだが、私たちのカウンセリングセンター（以下、センター）には、カウンセリングのための面接室が全部で四つ、それに加えて応接室、ミーティングルーム（グループカウンセリングやセミナーを実施する）、スタッフルームがある。その中でいちばん狭い部屋を私は使っている。

部屋はなぜ狭い？

私の使う面接室には、向かい合った二つのゆったりしたソファ、そのあいだに置かれた小ぶりなテーブル、入り口脇に置かれた荷物置きの小机、そして電話台が配置されている。細長い部屋は、これだけでほぼいっぱいになってしまう。ドアを開けると、ソファとぶつかりそうになるほどだ。

狭い理由は単純だ。一九九五年に開設してから五年後に、大幅に改装して面接室を一つ増やしたからである。スタッフ数と来談するクライエントの数さえ確保できれば、部屋数が多いほど収益も上がる。その結果、部屋の面積が狭くなった。

現在、事務スタッフが三名、臨床心理士である女性カウンセラーが十二名である。少なくとも五名は常時出勤していて、フル稼働すれば、五ケースのカウンセリングを並行して実施できる。一日当たりのカウンセリング料金収入はそのぶん多くなるし、センターの経営も安定するというわけだ。

センターが借りているワンフロアの賃料は、原宿という場所柄かなりの高額である。神宮前という地名のバリューは、不況下でもそれほど下がらない。できれば今の一・五倍の広さのビルを借りたいが、原宿という地では経済的にとうてい無理である。立地条件さえ無視すればもっと安い賃料のビルを借りることもできるだろうが、センター名に原宿という地名を冠している以上、残念ながら今ある場所を離れるわけにはいかない。

どちらがくるくる回るのか

部屋の大きさ、机の配置、何を置くかといったことについては定説があるわけではない。開業心理相談の同業者のホームページを見ると、各機関がそれぞれ個性的なインテリアを施している。

フロイトの分析室には寝椅子（カウチ）が置かれていたのだから、かなり広かったのだろう。アメリカ映画によく登場する精神分析のオフィスには、ぎっしりと書籍が詰まった本棚と、大きくて雑然としたデスクが置かれている。ある療法を学ぶために見たアメリカ製のＤＶＤでは、たいていセラピストとクライエントがななめ六十度に向かい合って、革張りのゆったりした椅子に座っている。

クライエントと向き合う角度を自由に変えることができると、今より少し楽に感じられるだろう。ソファではなく、くるくる回る椅子に座れば、正面から対面することもできるし、九十度回転して横顔を見せて記録を書いたり、ななめ四十五度に座ることも可能だ。

しかし、このように角度を変えることのできるのは、カウンセラーの側であることに注意しなければならない。多くのクライエントの椅子は角度を変えることができず、一方向を向いている。つまり角度を操作する権限はカウンセラーだけにある。

開業クリニックの精神科医の多くは、デスクにパソコンを置き、回転する椅子に座りながら患者さんに問診しながらその内容を打ち込んでいく。視線のほとんどはパソコン画面に向き、合間を縫ってときどき患者さんの顔を見る。大病院を中心に電子カルテが導入されて以来、診療時のこのような光景が一般化している。

外来の診察時間はきわめて短く、某クリニックでは十分以内に切り上げるのが方針だという。医師によっては十五分くらいかけることもあるらしいが、いずれにしてもパソコン画面と患者さんの両方を見ながらの診察である。だから椅子はくるくる回らなければならないし、そんな椅子に座るのは医師だけである。

私たちのセンターは医療機関ではないので、相談記録はあってもカルテは存在しない。電子カルテの必要もないので、パソコンに打ち込みながらのカウンセリングなどありえない。私とクライエントは、ソファに座って正面から相対することになる。

もし部屋のスペースに余裕があり、私もクライエントもくるくる回る椅子に座っていたらどうなるだろう。最初に「椅子を自由に回してくださっていいんですよ」と断っておけば、だんだんリラックスしてきたクライエントが椅子の角度を自由に変えるようになるのかもしれない。二人でくるくる回ったりする光景を、ときどきふっと想像してみたりする。

時計を見るのは私だけ

向かい合って置かれた二つのソファは、落ち着いた赤とグレーのツートンカラーである。「お掛けください」とクライエントに勧め、先に座るのを見届けて、私は二～三秒後にソファに腰をおろす。クッションは適度な柔らかさで、ときには朝から計六時間以上も座ることになるが、腰に負担が掛かったことはない。

私の正面、つまりクライエントの後ろの壁には時計が掛かっており、クライエントの正面の壁には油絵が一枚掛かっている。

クライエントから時計が見えないのは、時間を気にせずにいられるようにとの配慮である（なかには気にして自分の腕時計を外して置きながら話す人もいる）。カウンセリングにおいて、時間をコントロールする責任はカウンセラー側にある。カウンセリングの流れをつくり、全体が決められた時間内に収まるようにするのは、カウンセラーの役割である。視線をそれほど動かさず、時間を気にしているという気配を見せずに、クライエントの背後の時計によって時間を測る。これは私が毎回心掛けていることである。

カウンセリングにおいて面接時間は生命線と言ってもいい。一時間もしくは三十分を正確に守らなければならない。カウンセリングの料金は時間単位で支払われるのだ。時間延長するクライエントとそうでない人がいれば、そこには明らかな不平等が発生するだろう。そのことでクレームがつけられても仕方がない。

できる限り予約時間きっかりにカウンセリングを開始し、三十分もしくは一時間できっちりと終了すること。クライエントを待たせないこと。なおかつ内容的にもクライエントの満足を得ること。これらをすべて実行できなければプロのカウンセラーとはいえず、料金をいただく資格はない。

クライエントは何も見ていない

「〇〇さんでいらっしゃいますか？　初めまして」

ソファに座ったクライエントの目を見ながら、笑顔でこう言う。そして「信田と申します」と頭を下げる。

初対面の人の場合、一般的には自分が相手の目にどう映っているかが気になるものだ。クライエントから見て、「ああ、信田さんって実際こんな雰囲気なんだ」「へえ、やっぱり年だなあ」……などと思われるのではないかと今でもびくびくするのだが、実は、そんな人は少ないのである。

クライエントには目的がある。自分の困っている問題をなんとかしてほしい、なんとかしたいという動機があり、そのために高額な料金を支払って、時間と労力を使ってまで原宿にやってくるのだ。

センターに到着してからカウンセリング開始までの待ち時間に、私に話すことを準備しながら、どの人もかなり緊張しているに違いない。私の外見や雰囲気に対する関心よりも、こんな自分がどのように信田の目に映っているか、この問題が「わかってもらえる」だろうか、はたして使えるカウンセラーかどうか、といったことがクライエントの関心の大部分なのである。

センター全体が醸し出す雰囲気を大切に思っているので、数年に一回リフォームすることにしている。床や壁紙を張り替えたり、椅子の色を変えたりする。壁に掛けた絵も、入念に選ぶ。できるだけ意味やメッセージ性のある絵は避け、明るすぎもせず暗すぎもしない絵を選ぶと、必然的に風景画になってしまう。

ある日、待合室の正面に掛ける絵を交換したのだが、そのことに気づいた人はほとんどいなかった。これには驚かされた。クライエントは自分の問題で精いっぱいなのであり、外界に関心を持つ余裕などないのだ。桜が満開のころ初めてカウンセリングに訪れた人は、風景のことはまったく記憶がないと語り、今から思えばあれは桜の季節だったとしみじみ振り返るのである。このように関心は外部にではなく、他者の目に映った自分も含めて、ひたすらそのベクトルは自分の内側に向いている。今では、壁に飾る絵を交換しなければという気持ちを抱くことは少なくなった。

私が限界を感じるとき

私がていねいにお辞儀をし、「今日は遠いところからお越しいただきありがとうございました」と言うと、多くのクライエントは意外な顔をする。医療機関しか利用したことのない人ほど、そのような対応に驚かれるのかもしれない。患者様と呼びながら、特に精神科医は、患者からみれば高圧的と思われる対応がめずらしくないのが現実だ。私のていねいな対応は、もちろんそれを意識してのことだ。

ていねいな対応には、もう一つの理由がある。

三十代で本格的に個人カウンセリングに取り組み始めた当時、しばしば女性のクライエントから値踏みされることがあった。「あなた、結婚してらっしゃるの?」と聞かれることはめずらしくない。別に答える義務などないのだが、正直に「はい」と答えると、さらに畳みかけるように「じゃ、お子さんは?」と尋ねられるのだった。

中年の男性クライエントの中には、わざと難しい言葉を使用しながら私の知力を値踏みする人もいた。精神科病院に勤務していたころ、男性患者さんからそんな扱いをされたことはなかった。それは私が精神科医を頂点とする医療のヒエラルキーの中に位置していたからだということに、そのとき初めて気づかされたのだった。医療を離れてクライエントと対峙したとき、初めて私は、一人の経験の浅い三十代の女性カウンセラーとしてクライエントの目にさらされることになったわけである。

今では六十代半ばという年齢だけでも、多くのクライエントにとっては「人生経験の長さ」という権威をもたらす。カウンセラーとは、年齢を重ねることが価値を高める職業なのだ。それに加えて、私が何冊か本を書いていることもクライエントにとっては権威となる。センターを知るきっかけが拙著であるというクライエントが多いのは事実だ。

このようにして、望んだわけではないのに、いつのまにか多くのクライエントに対して私はカウンセラーとして権威性を帯びるようになってしまった。私が限界を感じるのは、自らの非力や老いによる疲労ではなく、このような外部から与えられてしまった権威性を痛感するときである。「ああ、もうだめかもしれない」とつぶやくことがこのところ増えてきたのは、そのせいだと思う。

仰げば尊し

目の前に座ったクライエントの多くは、私を「仰ぎ見る」という位置をとる。私からすれば、そんな立ち位置を「とられてしまう」のだ。

仰ぎ見られるという立ち位置ほど居心地悪いものはない。プライベートにおいてもそれは変わらない。仰ぎ見られる高い位置へと追いやられた側は、相手を見下ろさなければならない。次項で詳しく述べるが、そのことがもたらす不安は私に根深い。状況的にどうしてもそうせざるを得ないときは、持ち前の演技力を発揮し、逆に「偉そう」な態度をとることによって仰ぎ見られることに耐えるのである。

面接室で仰ぎ見ようとするクライエントの意向を感知すると、私はことさらていねいに頭を下げて来談してくれたことのお礼を言う。私とクライエントとのあいだの高低関係が、これによって少しでも水平に近づくようにと、自分の位置を下げるのだ。家族療法にはワンナップ（one up）、ワンダウン（one down）という用語があるが、とにかくワンダウンを心掛ける。

しかしこういうクライエントばかりではない。私に権威性を感知するからこそ逆に自分がワンナップの位置をとろうとするクライエントもいる。ここでカウンセラーが腹を立てたり、批判したり、押さえつけようとしたらどうだろう。まずはそんな態度はあってはならないものであり、明らかにカウンセラーの側に非がある。

さらに付け加えれば、実はそんなカウンセラーの姿を見て、一転してべったりと依存できるワンダウンの位置に移ってしまうクライエントが多い。つまり、カウンセラーの権威性を認めてしまったら果てしなく依存したくなり縋《すが》ってしまうに違いないと恐れるあまり、表面上はとにかくワンナップのポジションをとろうとしているクライエントなのである。居丈高な人ほどやっかいなことに、「どこかでぐっと自分を押さえつけてくれないだろうか」という期待を強く持っている。

そんなクライエントに出会ったら私ならどうするか。

決してワンダウンの位置を変えず、ひたすらクライエントを仰ぎ見る立場に徹する。このようなクライエントは、カウンセラーの動きや位置どりを注意深く観察しているので、私がワンダウンの位置をとり続けることはすぐに感知される。そのことで、私というカウンセラーを「なかなかやるじゃないか」と評価するクライエントもいれば、なかには腹を立ててしまうクライエントもいるだろう。

カウンセラーは偉くなければならないと考えていれば、私のやっていることはその期待を見事に裏切ることになる。見方によっては意地悪になる。「依存させてくれない」からである。

何がカウンセラーの敗北か

今述べているのは初回のカウンセリングに限定した話だ。その後継続してカウンセリングを実施していく過程では、私がワンナップの位置に上らなくてはならないときもあるからだ。しかしながら初回のカウンセリングにおいては、ワンナップは極力避けるというのが私の原則である。

たしかに水が低きに向かって流れるように、力を利用すれば簡単にクライエントを依存させることはできるだろう。こちらを仰ぎ見ることによって生まれる関係性は宗教的な信仰にも通じるから、その気になればカリスマ教祖的存在になることだって不可能ではない、と思う。カウンセリングにおける宗教的要素は重要なポイントであることは否定しないが、私が実践するカウンセリングは宗教と一線を画さなければならない。力の行使に対して、最大限自覚的でなければならない。

権威という力を利用して目の前に座っているクライエントに何かを伝達しようと思った時点で、カウンセラーは敗北していると私は思う。なぜかと言えば、そこに生まれる支配と依存の関係は、カウンセリングの中心となる「言葉」の力を削ぐからだ。

こだわりすぎと思われるかもしれないが、私のカウンセラーとしての基本はそこにある。クライエントとの初めての出会いは、一瞬のうちにすべてが見えてしまうような恐ろしさをはらんだ場であるからこそ、この原則を守りたいと思う。

2　揚力との戦い

カウンセリングがキリスト教における告解（confession）を原型にしていることはよく知られている。あの薄暗い密室においてひざまずいて告白するというイメージが、カウンセリングに対しても抱かれているようだ。

私たちのセンターの狭い面接室は薄暗くはないが、扉によって廊下から隔てられている。そこでクライエントと二人だけになるということは、たしかに非日常的である。カウンセラーが男性でクライエントが女性だった場合、他者の目から遮断されたその空間は、抵抗不能な状況となりかねない。臨床心理士の研修においてもっとも厳しく強調される倫理がこの点である。

アメリカでは、カウンセリングを外部からのぞけるような部屋にしたり、カフェのようなオープンな場所で実施するといった工夫がされているようだ。これらは、女性のクライエントからセクハラを訴えられるリスクを考えてのことだという。センターのスタッフを全員女性にした理由の一つが、このような事態を防ぐためであった。

ガチンコ舞台で「カウンセラー」を演じる

カウンセリングの部屋は、私にとって一種の舞台である。

扉を開けて部屋に入るとき、袖から一歩踏み出し舞台に上るような感覚に襲われる。空気の密度も、時間の流れも、異世界であるかのようだ。その瞬間、オフだったスイッチがオンになる。長年の経験によるものか、それとも心理劇（サイコドラマ）のトレーニングによるものかはわからないが、私はカウンセラーの役割を演じはじめる。

ソファに座って向かい合っているクライエントは、ときには共演者になることもあるが、私というカウンセラーをじっと見つめている厳しい観客でもある。クライエントは真剣だ。時間単位で料金を支払っているのだから、それだけのものを得て帰ろうと思っているに違いない。どう取り繕おうと、どのように装っていようと、クライエントは私を観ている。舞台上の俳優の一挙手一投足を観客がじっと見つめているように。

このようなガチンコ的・真剣勝負的な状況を、私は嫌いではない。形にならない経験、記憶以外のどこにも証拠の残らない言葉の交換のためにお金を支払っているクライエントと、お金をもらう側のカウンセラーが向かい合っている。それはどこか恐ろしげな状況にも思えるが、私にとっては心地いい。緊張と解放、不安と安堵とのあいだを往還する快楽すら感じられるほどだ。

実存とは対極の「そのまんま」

「カウンセラーって怖いです。何もかも見透かされてしまうみたいで」

こんな言葉を飽き飽きするほど聞かされてきたが、私の意識の中ではむしろ逆転している。どう受け止められているのだろうか、気に入ってもらえただろうか、満足してもらえただろうか、とカウンセリングのあいだ中ずっと考えているのは私のほうだ。

毎回そのようにビクビクしながらも学習したのは、「あがけばあがくほど悪循環になってしまう」ということだった。もちろんそれ相応の苦労もあった。墓穴を掘った苦い経験もいっぱいあったことを告白しよう。そしてたどりついたのが、「そのまんま」で行くことだった。熊に襲われたときは死んだふりをするといいと言われるが、私は死んだふりではなく、「そのまんま」で行くことにした。

しかし、クライエントという観客を前にしたカウンセラーを演じる私が、「そのまんま」でいられるのだろうか。

正確に言えば、「そのまんま」っぽく演じるのだ。カウンセリング最中と、終了後扉を開けて面接室から出た私は、意図的に言葉のトーンや態度を変える。部屋の外では私は、クライエントの持っているバッグのブランド名を尋ねたり、わざとタメ口をきいたりすることで、舞台は終わり、幕は下りたという雰囲気を醸し出す。

カウンセラーを演じる私と、扉から出てタメ口になる私、料金を支払うクライエントに対しておつりの計算を失敗する私。そこにはいくつもの「キャラ」がある。その数は多ければ多いほどいい。私は、多様なキャラを演じられることにこそ価値があると思っている。

つまり、「そのまんま」というのは、多様なキャラを持つ私を全開するということだ。どんなキャラであろうと、いくつものポケットから必要に応じてすぐ取り出すことができること。たとえば大きな地震がきても防災グッズがそろっていれば少しは安心だろう。体調を崩しそうになったら、かかりつけの医師が診察してくれると思えば安心して仕事ができる。このように、どのような事態が起きても、自分なりに対応できると思うことが不安をなくし、それが余裕につながるのだ。この余裕のことを別名「自信」と呼ぶのではないだろうか。

こうして私は度胸をつけ、ますます演技的となり、オーバーアクションのスキルを磨きながら今日に至る。図々しさも身に付き、なんとなくだが、どっしりと構えられるようになった。

お断りしておくが、「そのまんま」は「ありのままの」とは異なる。説教くさいあの「ありのままの私」という言葉は、私がもっとも忌み嫌っているものの一つだ。いろいろな試行錯誤の中で私は、キャラをどんどん多様にし、役割演技を磨き、状況に応じて必要なキャラを出没させられるよう努めてきた。それは絶えざるトレーニングだった。その果てにたどりついたのが、「そのまんま」でしかなかった、と言ったほうがいいかもしれない。つまり「そのまんま」とは、〝実像〟だの〝本物〟だのといった偉そうな言葉とは対極の地点にあって、どこかやけっぱちな言葉なのである。

なぜ私はクライエントの目を気にするのか

先日誕生日を迎えた私は、年齢とともに、クライエントから望外の期待を寄せられたり、途方もない幻想を抱かれたり、つまりワンナップの位置どりを要請されることがめずらしくなくなった。先ほども書いたように、それは私にとって忌避したい現実なのだ。

では、私がワンナップという支配的な立ち位置ではなく、ワンダウンに位置しようとするのは、対等性を求めているからなのか。もっと常識的表現を使えば、「威張りたくない」から権威的な存在を嫌がっているのか。そうだったら、私はいかにも謙虚な「いい人」みたいではないか⁉

いや、もちろん私はクライエントにとって「いい人」でありたいと願っている。と書くと、読む人によっては「カウンセラーってそんなにクライエントの反応を気にしてるんですか？」と疑問を抱く人もいるだろう。精神分析の素養のある人は、「それは逆転移じゃありませんか？」と指摘するかもしれない。逆転移とは、カウンセラー側がクライエントに対して非合理的な感情を持ってしまうことを指すが、これは別にまずいことではない。ごく当たり前に日々起こることなのだが、カウンセラーがどこまでそれを自覚しているかにかかっているのだ。

まあそれはさておき、私にとってクライエントからの評価はそれほど大きな意味を持っている。その理由をいくつか挙げてみよう。

第一の理由は、「当事者からの評価こそが援助の質を高める」と思うから。これは一つの模範解答である。もちろんそれは私の信念であり、だからこそ逆転移ＯＫなどと公言しているのだ。援助者によっては、もっとも気にしているのはスーパーバイザーからの評価であるという人もめずらしくない。クライエントのほうを見ているのではなく、今ここにいない、しかしどこかで自分を監視しているスーパーバイザーの目を気にしているように思えてしまう。私の曲解ゆえだろうか。そんな人たちに疑問を呈するために、私はあえてこのような模範解答を用意している。

第二の理由は、お金である。クライエントの反応が悪ければ来談数が減少し、センターが立ち行かなくなる。それはすべてを失うことを意味する。できるだけ信頼を失わないよう、カウンセリングの満足度を高めるよう心掛けるのが基本なのだ。お金の問題についてはあとでまとめて述べるのでこのあたりにしておこう。

私をぐぐっと押し上げる恐ろしい力

三つ目の理由は、バランス感覚によるものだ。私をワンナップの位置に押し上げようというクライエントの発する空気感が、私の中のバランス感覚を攪乱する。

押し上げようとする空気とは、「この私を評価してください」「私の家に起きていることをなんとかしてください」「私を助けてください」「私をわかってください」といったものである。それが言葉以前の要求として押し寄せてくる。

ぐぐっと持ち上げられそうになるのだが、そのとき私を襲うのはたとえようもない不安感である。イメージとしては、空中高く一人で風船のように舞い上がっていく感覚だ。着地点も見えず、手を伸ばしても誰もいない。権力者は孤独であると言われるが、力の代償としてそれを甘受しなければならないと言うならワンナップなど避けたい。

私はカウンセラーとしてワンナップの力など欲しくはないのだ。すでにカウンセラーというだけでクライエントに対して権威を持ってしまっているし、年齢も重ねている。バランスを欠いた不安定な位置に上りたくはない。だからこそクライエントからの反応を気にするのだ。そんな私の構えは次のメッセージとしてクライエントに伝わるだろう。

「カウンセラーである私は、あなたからの評価を気にしています。来てよかったと思っていますか、私の発言は大丈夫でしたか」

おそらくクライエントは次のように反応するだろう。

「カウンセラーは私を評価し理解してくれる存在のはずだ。私のことをどう思っているのか聞きたいと思ったのに、むしろ私からの評価を気にしているように思える。これは自信がないのか、それとも……」

もちろんこれらは言語化されることなく、言葉の交換の合間に交わされるメタ言語的、つまり空気感として伝わるメッセージであることは言うまでもない。

カリスマから宙ぶらりんへ

カウンセラーがワンナップの位置をとることの効果はもちろんある。「カウンセラーは偉い」と思わせることで、ワンダウンの位置にいるクライエントに必要な情報を伝達できる点である。この手段をあえて用いるのではなく、自分はすごいと感じてしまい自らの力に陶酔するカウンセラーも生まれるだろう。信仰に近いカウンセラーへの信頼が、ときには大きな変化を生み出し回復へとつながることはめずらしくないから一概には否定はできないのだが。

先ほど述べたように、クライエントの側がワンナップへとカウンセラーを押し上げるのは、そうすることで、有力感を覚えるカウンセラーに依存することができるからだ。自らの判断を放棄し、考えることなくカウンセラーの描く自己像を取り入れることもできる。このような主体性の放棄は、〝自分で考えた末に蟻地獄に陥ってしまった〟クライエントにとって、どこか酔いに似た快楽を与えてくれるだろう。自我の放棄は帰依につながるので、カリスマ化したカウンセラーの周辺にはそのようなクライエントが集まっているものだ。

さて、ワンナップの位置どりへと促されることに対して、私が主張するのは、「観客からの評価を渇望している」カウンセラー役の演技者である。クライエントからの評価をなにより気にしているカウンセラーであるというこのメタメッセージは、クライエントにとっては一種の攪乱になるだろう。その瞬間、クライエントの促しは止まり、私との関係性はどこか宙ぶらりんなものとなり、揺らぎはじめる。

ここで重要なことは、ワンナップとワンダウンにおける相互性である。入れ替わり可能であるということだ。

このような「関係における揺らぎ」を私とクライエントがともに味わっていること。どちらに傾くかという不安定さの中に二人がいること。

私にはそんな状態がこのうえなく好ましいものと思え、もしかすると対等という美しい名前で呼ばれるのはこういう瞬間なのではないかと感じるのである。

関係の愉しみ——揺らぎの中のバランス

揺らぎながらもとどまっていられ、上でもなく下でもない関係性がときとして生まれる。それは誰かを傷つけるどころか、それこそが関係の愉しみである。

言葉で確認することがカウンセリングの中心であることは言うまでもないが、言葉にならないメタメッセージをとおして、このような経験を積み重ねられる意味は測り知れない。そのためには、クライエントとの相互性に対して自覚的でなければならない。言葉以外の関係性に対するこのような意識化があって初めて私のバランス感覚も生かされるのだ。

ここまでカウンセラーとして仕事を続けてこれたのは、どのようにして育まれたのかはわからないが、そんなバランス感覚が機能していたからかもしれない。そして多様なキャラを豊かさとし、演技力を磨くことで、私を全開にする「そのまんま」。

これらは、固定的な安定感というより、揺らぎながら生まれるバランスといったほうがぴったりくる。東京スカイツリーの地下にも、震災に耐えるための心棒が埋められているが、その中心は空虚ながらんどうだという。私のバランス感覚も、あくまで主観的なものであり証明することはできない。その点でどこかがらんどうなのかもしれないと思う。

3 私は感情に興味がない

1 パスワードは住所

カウンセラーのオン／オフ感覚

二回目以降のカウンセリングは、初回のような位置どりをめぐる緊張も少しほぐれてくる。回を重ねるにしたがって、会った瞬間にクライエントに対する勘も働くようになる。前回との比較が可能になり、私にも少し余裕が生まれるからだろう。表情や体つき、姿勢などから、疲れているな、ひどく調子が悪そうだ、きらきらして元気だ、何か言いたいことがあるようだ、といったメッセージが伝わってくる。その勘はたいてい外れることはない。

ところがプライベートな関係においては、私の勘はそれほど働かない。仕事が終わってからは、頭のモードがまったく別のバージョンに切り替わってしまう。こんな鈍感な人がカウンセラーなのか！　と驚く人もいるだろう。

カウンセリング場面において作動する感覚は、私にとって一種の商売道具なのであり、仕事以外の時間は無意識に休ませているのかもしれない。カウンセリングとそうでないときを分けて、オンとオフの切り替えが自在にできるようになることが、カウンセラーとして長持ちするコツだと思う。そうでなければ、おそらく一日でダウンしてしまうだろう。それほどまでにカウンセリングは何かを疲労させる。ではいったい何が疲れるのだろう。カウンセリングを一日八ケースも実施すると、私の何が動かなくなってくるのだろうか。

頭が疲れるのだ

各地で講演をするたびに、フロアからほぼ毎回のように出る質問がある。

「重い話ばかり聞いていてストレスがたまりませんか？」

「つらい話を聞くと自分までつらくなってしまいませんか？」

ああ、またか……と内心で嘆息しながらこう答える。

「カウンセラーとして疲れることはありますが、たいてい頭が疲れるんですね。つらくなったりストレスになったりすることはほとんどありません。ありえないくらいつらい話を聞くと、かえって元気が出てきたりするんですね。やっぱり私ってヘンなんでしょうか？」

会場には笑いが走り、質問した人もなんとなく納得した様子で終わる。

この質問は、カウンセラーに対して当たり前に抱く疑問だろう。一般的には、カウンセリングは「共感」をするものだと考えられている。共感という以上、目の前のクライエントの苦しみやつらさを追体験すること、できる限り同じつらさを感じてわかってあげることだと考えられてきた。どのカウンセリング講座に参加しても、共感と傾聴が必須であるとされる。

しかし、私は共感しなければならないと考えたことはない。クライエントの気持ちをわかろうとか、クライエントの身になって考えようなどと思ったこともない。私が疲れるのは共感しすぎたり、気持ちがわかったりするからではない。

いくつかのハードルを越えて来談したクライエントは、さまざまな感情の渦の中にあったり、自分の感情をうまく把握できなかったりする。感情と名付けていいのかさえわからない塊《かたま》りに押し潰されそうになっている。家族の誰かを憎んだり、殺したかったり、そのことで罪悪感にさいなまれていたりする。

私は、まずそれらを「感情」と名付けて焦点を当てるのではなく、クライエントが抱えている「問題」としてとらえる。次にその問題を抱えたクライエントを主人公にして映画をつくる。頭の中でその場面を再現したり、言葉で物語的に表現できるようにするのだ。

映画のシーンを組み立てるように

これまで会ってきたクライエントは膨大な数にのぼる。以前は十年以上前に会ったクライエントの名前でもすべて記憶していたし、その人がどんな問題でカウンセリングにやってきたかもすらすらと言うことができた。加齢によってさすがにレベルダウンしたが、この三年以内に一度でも会ったことのあるクライエントについては、相談記録に目を通さなくても暗記している。

カウンセリングにやってきた人について、自分の記憶のファイルからただちに取り出すことができること。もしそう言いたければ、このことも「共感」の中に含まれるのではないかと考えている。それは単に記憶力の問題ではないだろう。七十歳を目前にした私にそのような能力が残っているとは思えない。とすれば、クライエントの語る内容の「聞き方」にポイントがあるのかもしれない。

私にとって鍵になるのは、その人の住所である。

○○県、○○区、○○町という住所・地名によって私の想像力の世界は一気に駆り立てられ、たちまち視覚化されることになる。どんな家に住んで、どの駅から歩いて何分くらいかかるのか、緑は残っているか、鉄道は何線だろう、といった具合に。目の前に座っている人が登場する映画のシーンを、こうやって組み立てていく。

息子の暴力で困っている母親であれば、居間の様子や台所の流し台の散らかり具合、各部屋の広さや息子の身長までも想像する。もちろん会ったこともない息子の顔を、ぼんやりと思い浮かべたりする。そして映画監督になったかのように話を聞きながら、場面を次々と展開させていく。はっきりしない点が出てきたら、そこを質問する。

「息子さんは、どんな言葉で責めてくるんですか?」

「え〜っ、バカラの食器も割っちゃうんですか!」

こんな問いかけによって、私の頭の中の映画はどんどん立体的になっていく。

クライエントは質問されることで、自分の経験にカウンセラーが真剣に関与しようとしていることを感知するだろう。これまで夫から何の関心も払われなかった息子の暴言を、カウンセラーはこれほどまでに関心を持って一生懸命聞こうとしていると感じれば、彼女の語りはいっそう促進される。

すべては住所から

こうして私が構成した映画が、クライエントの生きている現実と重なると思えることが、クライエントを「わかる」ことなのだ。むかし見た映画のシーンが思い浮かぶように、それは自動的に起きる。

カウンセリングの基礎となるこの作業のすべては、私の場合、クライエントの住所から出発するというわけだ。紅茶の香りを嗅ぐことから始まる長い物語があるように、「○○区○○町に住んでいた××

さん」と言われれば、すぐに検索されて私の記憶のファイルが開き、その人の問題と経過がするすると登場してくる。住所は、記憶のファイルを開くパスワードだ。

逆に言えば、クライエントの話を、住所にまつわる光景とともに繰り広げられる映画として再現できるくらいにじっくり聞かなければ、カウンセリングを始めることはできないと思う。

2　高台にのぼる仕事

サービス業としてのカウンセリング

思い切った言い方をすれば、カウンセラーとは、バーやクラブのチーママ、占い師、そして新興宗教の教祖を足して三で割り、そこに科学的な専門性という装いをまぶした存在である。これは私の長年の持論であり、水商売と占いと宗教の三要素がカウンセリングには欠かせないと考えている。水商売というと引いてしまう人もいるかもしれないが、援助がサービスであるとすれば、サービス業の特徴をもっともよく表している業種である水商売とつながっていても不思議ではない。

ときどき、私たちのカウンセリングセンターを「カウンセリングルーム」と言い間違える人がいる。たしかに相談室を直訳すればそうなるが、一部の英語圏では、この言葉を性的サービスを行う部屋という意味にも使っているようだ。スタッフの一人が一九九五年に今の職場を開設するにあたってこのことを示唆してくれたため、ルームではなく「原宿カウンセリングセンター」と名付けたという経緯がある。

センターでもルームでも変わらないと考える人もいるだろうが、女性臨床心理士だけの開業心理相談機関を目指していた私たちにとって、その区別は重大だった。それから二十年近く経ってあらためて考えてみると、性的サービスの間接的表現にカウンセリングという言葉が用いられていたことに、逆に納得してしまう。言語によるやりとりを媒介にするのか、それとも身体的接触を媒介にするのか。この違いはあるかもしれないが、安らぎを得たり元気が出たりすることに変わりはないだろう。一定の時間、カウンセラーはクライエントに「買われている」と思うことさえある。

いっぽうで、近年あまりにも気安く「サービスとしての……」という表現が用いられるようになったことには、わずかな抵抗を覚える。それは、へり下って謙虚でいることのアピールでしかない。しばしばサービスは奉仕と同義となり、したがって無料で提供されるものだと考えられがちだが、裏側にはちゃんと対価が発生している。いや、発生させるべきだろう。

その時間に提供される内容に対して料金がかかることで、クライエントはサービスを得る権利を買うのである。この冷徹にも見える経済原則によって、カウンセラーも、そしてクライエントも守られることになる。つまり、パーソナルな営みではなく一種の経済的行為であるというある種の社会性によって、二人の関係は保証され外部に開かれたものとなる。

感情労働？

さて、「サービス」からもう一つ、感情労働という言葉が連想される。

A・R・ホックシールド『管理される心』（世界思想社、二〇〇〇年）によれば、肉体労働、頭脳労働のいずれでもなく、感情的（エモーショナル）な側面を抑制したり、ときには鈍麻させ、忍耐するという労働が必要とされるようになってきている、という。

望ましい感情が促進され、望ましくない感情は修正されるというように、管理が心や感情にまで及んできており、なかでも女性にそれが集中していると述べられている。例として挙げられているのは飛行機の客室乗務員だが、翻訳後十数年を経た現在、社会の隅々まで似たような労働が広がっている気がする。お客から怒鳴られているデパートの店員、住民対応窓口で頭を下げている役所の職員、お客から暴言（ときには暴力）を受ける駅員などを見かけることはめずらしくなくなった。

たしかに、カウンセラーには忍耐が必要かもしれないし、我慢しなければならないと思うこともある。しかし、だからといって感情労働とひとくくりにする気はない。よく読めばその書には、感情を名付ける言葉がいかに社会に規定されているかということ、そして名付けたとたんに規範化されてしまうこと、さらには考え方やとらえ方によって、焦点化される感情は変わってくることが述べられている。このような感情をめぐる多様なダイナミズムこそを見なくてはいけないと思う。

先ほど、共感という言葉は使わないと述べた。正確に言えば、「カウンセリングにおいてはクライエントに共感しなければならない」「まず共感的であるべき」ということが常識となり、それが縛りとなってしまっている現状に私は疑問を感じている。共感という行為が、「クライエントと同じ感情を抱けるかどうか」という問題に矮小化されているように思うのだ。私にとって共感は、クライエントの置かれた状況を類推することで、あたかも私が同じ場面にいるように感じるという経過をたどる。つまり、どのような感情も状況依存的である以上、感情のみを析出することはできない。

「感情」を特権化する前に

クライエントの語る言葉と、そこから連想される世界に対するカウンセラーの反応は多様である。惹きつけられ、胸が高鳴ること。わくわくし、どきどきすること。スリル、驚愕、緊張、高揚といった言葉で名付けようとしながら、いつも言葉が不足しているような感覚に襲われてしまう。これらの感覚は「感情」というよりはるかに広く、混沌としているように思われる。

感情と言ったとたんそこに発生するのは、ホックシールドが述べているように、社会的に容認され整合性を持たされた名付けである。名付けられたことで一人歩きを始め、いつのまにか感情は特権化されてしまう。だから私はあえて「感覚」と呼びたい。もっと知覚的で身体感覚に近い多様性を持ち、社会的規範から自由な感じ方をそう呼ぶことにしている。

私は、自分に生じた感覚を大切にしてきた。目の前に座っているクライエントの「感情」を推察して入り込むのではなく、そのとき生じる自分の「感覚」にこだわってきた。それを惹起したクライエントの言葉を文章として読解し、構造化し、想像力を駆使して私なりに映像化しようと試みてきた。

こう書いてくると、私は「感情」にアレルギー反応を起こしているのかもしれないと思う。それくらいカウンセリングにおいて感情は過大に評価され、自己目的化されるようになってしまっているのだ。一つの背景として、アメリカにおいて感情を指す「エモーション emotion」という言葉が重要視されるようになったことが挙げられる。特にさまざまな被害を受けた人たちの回復は「感情を取り戻すことだ」とされ、感情を名付け言語化できることに価値が置かれるようになった。ときには感情の一覧表などを見ながらワークが実施されたりする。

このようなわかりやすい方法論と明確な目標設定は、たしかに一定の効果と意味を持つだろう。しかしあえて私が「感覚」という言葉を使おうとするのは、規範化することでこぼれ落ちてしまうもの、明確に分けることはできないが確かにそこに存在するものにこだわり続けたいのと同時に、「感情」という言葉が醸し出す〝強いられた適応のにおい〟に違和感を持つからである。

認知行動療法と感情

カナダをはじめとする北米において、公的機関で仕事をする臨床心理士に求められるのは、効果のあるプログラム作成と、実施した結果の効果測定である。そのエビデンスに基づいて年々プログラム内容をブラッシュアップし、新たなプログラム開発をすることで、公的助成金（ファンド）を獲得することもできる。性犯罪者処遇プログラムやＤＶ加害者更生プログラムはその好例である。

これらのプログラムの基礎理論となっているのが認知行動療法である。二〇〇五年以来、私もＤＶ加害者プログラム（ＮＰＯ法人ＲＲＰ研究会主催で現在も実施中）を実施しているが、その源流はカナダ・ブリティッシュコロンビア州の認知行動療法に基づいたＤＶ加害者更生プログラムである。

認知行動療法のもたらす意味はいくつかあるが、「感情の特権化」を解体する点を私は評価する。よく知られているように、認知行動療法の基本は、認知と感情と行動を分節化してとらえるところにある。プログラムでは、カッとする、頭にくるという怒りの感情に焦点化せず、彼らの認知をターゲットにするか、実際の行動を変えるように練習する。この方法は、彼らにとってはきわめて新鮮である。我慢できるかどうかの堂々巡りからの解放をもたらすからだ。

「感情によい悪いはなく、どんな感情もＯＫ」と、感情を評価しない点も同様である。これまでの私の経験からすると、彼ら自身が自分の中に湧き出る感覚を「怒り」と否定的に名付けたとたんに、怒りという感情を抑えたり我慢したりすることにとらわれるようになる。まさに、名付けによって感情が一人歩きを始めるのだ。

私はなぜプログラムが嫌いなのか

今後もＤＶ加害者プログラムを実施していくことに変わりはないが、正直に言えば、私はプログラムというものがどうにも好きになれない。あのパッケージ化されたフォーマットというものに、わずかの拒否感を覚えてしまう。毎回同じ手順を踏むこと、すでに決められたとおりに実施することがどうにも苦手なのだ。新しい方法論を学ぶ研修会への参加も、それが方法論であるということにおいて、すでにためらっている自分を発見するほどだ。

大きな理由は、予測可能性に対する深い嫌悪があるからだろう。

プログラムは、それを基礎づける理論、そして方法、効果の実証（エビデンス）、予想といった明晰なプロセスがなければ形成できない。その「フォーマット化された明晰さ」を私は胡散臭いと思ってしまう。方法論はある仮説に基づいているし、それを前提とした予測は最初から帰結が見えている。その仮説を私は受け入れられるのだろうか、仮説を根拠づけるだけの言葉を私は持っているのだろうか、単に流行を追っているだけではないか、という不安がいつもつきまとう。

一九六〇年代から、心理療法の世界における浮き沈みや流行、新しいものに飛びつく人たちの姿を数多く見てきたせいなのかもしれない。だから明快なフォーマットを根拠づけるとされる理論とやらに、どうしても否定的な感覚が生まれる。借り物の言葉は使いたくない、それが私なりのささやかなカウンセラーとしての矜持である。

逆に、自分が他者から予測可能であることへの嫌悪も強い。それは強迫的更新行動、言い換えれば反復性への恐怖として表れている。同じことをやっていてはいけない、先週と同じことをしゃべってはいけない、絶えず新しい要素を加えなければならない、という強迫である。講演場所が北海道と九州であっても、同じような内容ではまずいのではないかと怯える。何度も、同じオチでもいいのではないか、これは落語と同じだと考えようとしたが、無理だった。

「ああ、信田さんの講演ね、去年と同じだったよ」と言われることはなによりつらい。言い回しを少し変えたり、「以前と同じですが」などと言い訳をしながら講演を続けている。他者からの期待や予測を裏切り続けずにはいられないのは一種の防衛反応であるという解釈も可能だし、アディクション（依存症）の基本にある「よりましな自己」への駆動ととらえることもできるが、私自身はもはやそれを変えられない。

これまで何冊かの本を著してきたが、毎回意匠を変えることに汲々としながら、また同じことを書いていると言われないだろうかと恐れている。影踏みのように、自分の影を踏まれないように逃げ回っているようにも思える。そして、これ以上更新することができないと思ったときは、いさぎよく書くことをやめようと決めている。

予測不能だからこその高揚と疲労

脇道にそれた。私がカウンセリングで疲れるのは、感情を抑制したり意図的に鈍麻させているからではない。まして、クライエントと同じ感情を抱こうとして、同じ苦しみやつらさを抱え込んでしまい、傷ついたり、重くなったりするわけではない。そんなことが共感ならば、私は共感しない。

むしろ、語られた内容をめぐって頭脳をフル活動させること、どんな言葉を用いるかに細心の注意を払うことで心底疲れてしまうのだ。

それればかりではない。息遣いや、空気の流れ、言葉の間合い、語る速度といったものまで、すべてを瞬時の判断で選び、決定しなければならない。一種のチューニングとでもいえようか。演出家と俳優を兼ねたような、ときにはジャズの即興演奏のようなクライエントの交流は、左脳と右脳の双方を活性化させ、極度の緊張と覚醒状態を維持しなければ不可能である。シマウマが生き残るために何キロも離れた場所にいるライオンの気配を察知するにも似た覚醒状態は、カウンセリング以外の場面ではほとんど出現しない。仕事以外では必要ないからだろう。

それは予測可能性への嫌悪と裏腹の関係にある。先が見えないから、この緊張状態と覚醒が生まれるのだ。未知の世界に日々直面することは、つねに臨界点に位置することだ。そんな先の読めなさと即興性こそがカウンセリングの醍醐味であり、怖さでもある。疲労はその結果生まれるのであり、フォーマット化されたプログラムによって生じる疲れとは異質である。

感情が響くと鐘が鳴り、高台へ避難する

過覚醒下での頭脳のフル活動が私にとってのカウンセリングのキモであるとすれば、むしろ感情は障害になる。目の前でクライエントが涙を流すと、座っている椅子が、突然す〜っと後方に一メートル退くような感覚に襲われる。クライエントの姿は、遠のき、小さくなる。

性被害を受けたクライエントが、生々しく指を震わせながらその経験を語るときは、椅子はもっと後ろに下がる。反射的に、私の中で警報が鳴る。

「そこに入ってはいけない」

「表情を変えてはならない」

名状しがたい経験を語るクライエントの語る言葉や涙、嗚咽する声は、渦を巻いて私に襲いかかる。渦が大きければ大きいほど、後方に引っ張られる度合いは強くなる。津波が襲ったときは、とにかく高台にのぼれというのが教訓だという。津波の比喩を用いるのが適切かどうかはわからないが、クライエントの感情表出に対して、それが激しければ激しいほど「とにかく高台にのぼれ」というメッセージが発動される。まるでそれが身体化され、一種の装置になっているかのように。

「おつらかったでしょう」「大変でしたね」といった言葉をかける援助者もいるだろう。話を聞きなが

ら涙を流すカウンセラーもいるかもしれない。でも私は、遠のいて、高台にのぼる。なかにはそんな私に対して「冷たい」と感じるクライエントもいるだろう。カウンセラーは共感してくれるものだという先入観からすれば、不満を抱かれる場合もあるだろう。しかし私はそれをしない。

なぜなら、その渦に私が巻き込まれることを、クライエントは決して望んでいないと思うからである。カウンセラーである私はそこから離れなければならない。装置が作動し高台にのぼることを彼ら彼女たちも望んでいる。そんな確信が私にはある。これはおそらく四十年の臨床経験からつくられたものである。

話しながら思わず涙を流したとき、なぜか指が震えてしまったとき、その瞬間、カウンセラーの私の姿が少し遠ざかったことに、クライエントは気づいているはずだ。私たちのことはすべてクライエントによって感知されている。わらにもすがる思いでカウンセリングにやってきたのだ。その必死さから、私たちを観察し、読み取ろうとする力が生まれるのは当然だ。それを知っていることが、クライエントに対する信頼だと思う。

あなたが抱いている考えや感情は、どれほど強く渦を巻いていようと、すべて当然である。涙することも、恐怖に震えることも、何の不思議もない。誰かを殺したいと語っても驚きはしない。あなたが語る内容は、すべて私の世界の中では納得できるし、了解可能なのだ。――こう考えているからこそ、私は安心して後方に退くのである。

私は泣き虫に戻れるのだろうか

この装置は、仕事を離れた場面でも作動することがある。知人がつらい話をしながら涙を浮かべたとたん、ふっと遠くに離れる感覚に襲われる。気がつくと、顔つきまで無表情になっているので、あわてて相槌を打って悲しげな表情をつくるのだが。

大勢でわいわい歓談しているときでも、装置が作動することがある。誰かが私に対して打ち明け話をしはじめたりすると、警報が鳴り、装置が働きだすのだ。ときにはその無表情ぶりから、冷たい人だと思われたりすることもある。これらは明らかに誤作動なのだが、装置のスイッチは自動化しているのでどうしようもない。

振り返れば、私はけっこう涙もろいほうだった。小学校のときから、卒業式では誰よりも激しく泣いていた記憶がある。ところが、ふっと気づくと人前では涙を流さない私になっていた。まんざら年のせいでもないはずだ。見られてもかまわないところではけっこう泣くし、3・11以降しばらくはテレビの前で涙を流さない日はなかったのだから。

それほど深く装置が埋め込まれてしまったのだろうか。とすると、やはりこれは一種の職業病だ。いずれカウンセラーであることを辞めるときが来れば、そのときはふたたび泣き虫の自分に戻れるのだろうか。そして、高台にのぼることを指令する装置は作動しなくなるのだろうか。

4 私はここまで踏み込む

1 自己選択という契機をどうはさみ込むか

「動機のない人」への着目

アディクション（依存症）に対する援助については、拙著『アディクションアプローチ——もうひとつの家族援助論』（一九九九年、医学書院）を参照してもらいたいが、「周囲から問題行動を起こしていると思われている本人は問題意識をそれほど持っていない、だから周囲はそれを変えさせようとして四苦八苦する」という構図がアディクション全体を貫いている。

アディクションとは、本人（行為の主体）にとっては問題解決行動の一つなのである。苦しみや痛み、不安などを感じなくできれば、そのあいだだけなんとか息をつき生き延びることができる。医療の枠組みからは「自己治療」と呼ぶこともある。しかし他者（家族・友人）にとってそれは迷惑であり、苦しみを与えられる。このようにアディクションにおいては、行動の主体の認識と、影響を受ける他者の認識とのあいだには大きな落差とずれが生じるのである。

この問題は、『平気でうそをつく人たち』（一九九六年、草思社）をはじめとするベストセラー本が繰り返し扱ってきたテーマでもある。実は多くの犯罪もそれと同じ構図を持っている。罪を犯しても逮捕されずに平然と社会で暮らす人と、終生消えない傷を負って暮らす被害者との対比を見ればそれは明らかだろう。

アルコール依存症の男性とその妻との関係は、夫婦ゆえに簡単に離れたり関係を解消できないために、その落差は深刻な問題となる。子どもたちが両親の夫婦関係から大きな影響を受けることもはっきりしてきた。アメリカにおいて、一九八〇年代以降多くのソーシャルワーカーや心理職といった援助者がこの問題に取り組んできた。その中からリラプス・プリベンション★や動機づけ面接法★★などいくつかの斬新

★　リラプス・プリベンション……直訳すれば「再発防止」。まず何が再飲酒、薬物再使用などの引き金になるかというハイリスク状況を確認し、次にその状況を避けたり、アルコールや薬物以外のコーピングスキルを学習するなど対処法を学ぶ。

★★　動機づけ面接法……動機のあるなしの二分法ではなく、動機づけのなされるプロセスを細かい段階に分けてそれぞれに対する効果的な働きかけを示す方法。近年アディクションの援助者ではこの手法の習得が一般的になりつつある。

なアプローチが生まれた。

二〇〇六年に刑務所内での性犯罪者を対象とした所遇プログラムに臨床心理士がかかわるようになったことを受け、カウンセリングにおいても、「変化する動機を持たない人」を行動修正へと方向づける役割が期待されるようになっている。性犯罪者の行動修正は、DV加害者へのプログラムと内容が大きく重なっている。性犯罪者やDV加害者の暴力防止へのかかわりを総称して「加害者臨床」と呼ぶ。これまでは主として未成年の非行を対象として少年院で実施されてきたが、成人も射程に入るようになったのだ。臨床心理学の枠が広がって、従来は司法の系譜にあった対象にもかかわるようになったことを意味している。

カウンセリングの対象は、従来なら積極的に来談して自分の抱える問題(主訴)を何とかしようとする人たちだった。心理療法は個人の内的世界を対象とすればよかったのだ。しかしながら加害者臨床の場合は、「被害者のために」という建て前と、半ば強制的な指示によって来談することが多い。この非自発性において、加害者臨床とアディクションは共通点が多い。つまり本人たちのためというより、被害者や家族といった周囲の人のためにも変化が要請される。

DV加害者や性犯罪者における再発防止と同様に、アディクションにおいてもゴールがはっきりしているが、本人をそこに向けてどのように動機づけていくかについてはさまざまな工夫が必要である。裁判や刑務所といった司法領域であれば、明確な法的強制力がある程度はたらく。医療機関なら「命が危ない」という理由づけや、最悪の場合は医療保護入院という方法を用いることもできる。しかしそのいずれでもないカウンセリング機関においては、あくまでクライエントの動機を高めながら、戦略的な手順を踏みながら、紆余曲折を経るしかない。

アルコール問題をかかえた美貌のAさん

Aさんは、某クリニックの医師から「ここにカウンセリングに行きなさい。そうしないとあなたは今の職を失うよ」と私たちのセンターのパンフレットを渡され、来談した。事前の電話予約ではアルコール問題の本人という主訴だった。

予想外の美貌に驚きながら、面接室に案内してドアを閉めた。

「どうぞお掛けください。信田と申します」

いつもどおり、にっこりと笑みをうかべながら私はソファに座った。目の前のAさんは緊張してまるでお面をかぶったような表情をしている。よく見ると、美人というにふさわしいその顔にはかなり厚めのメイクが施されていた。

不自然なほどのファンデーションだと思いながらもっとよく観察すると、小さな傷跡がいくつも残っている。鼻の横に薄い傷跡が一本、額の右側にも一本、いずれもメイクでは隠しようのない傷跡である。おそらくこれらは酔って転倒した際についたものではないか、と思った。

「今日はよくいらっしゃいましたね。ところで、カウンセリングにいらっしゃったきっかけはどんなことでしょう」

「はい、Bクリニックの C先生から言われまして……」

私が記録をとりながら聞くうちに、経過を語る彼女の口調は少しずつ強くなった。

三十六歳の彼女は出版社で多忙な仕事をこなしていた。しかし仕事が終わっていつものバーに行くと、飲みはじめて二〇分くらいまでの記憶しかない。気がつくと朝になっている。不思議なことに、ちゃんと着替えてメイクを落としてベッドで眠っている。

ところが、二年前から足にあざをつくったり靴のかかとが折れたりする事態が生まれた。今回職場の上司から受診を勧められたのは、あごを打ってかなり出血したことがきっかけだった。朝起きて気づいたら枕が血だらけになっていた。さすがにバンドエイドでは隠せず外科医を受診した。縫合されたため半日欠勤したところ、上司から呼び出された。上司から医師の受診を勧められたが、それがアルコールの名医だと言われたことがショックだった。

四時間待って診てもらったが、ろくろくこちらの話も聞かないで、カウンセリングに行けと言われた。おまけにこのままじゃ職を失うとも言われた。

相槌がつくる共闘関係

「そうですか。じゃ、C先生の言葉でかなり不快な思いをされたのですね、四時間も待たされたのに」

「そうなんですよ。ぶっきらぼうで、決めつける態度なんですね、あの先生。なんで私が職を失うなんて断定的なこと言えるんでしょう」

クライエントの話を聞きながら相槌を打つことは重要な意味を持つ。クライエントがどのような不満を持っているか、どれほど理不尽なことをされたと思っているかを、うなずきながら、ときには、「えぇ〜っ、それはひどいですね」といった相槌を打ちながら聞くのだ。

ここにやってくるまでに受けた強制力に対して納得できないでいるクライエントに対して、半ば同意するのである。このことを動機づけ面接法では「抵抗とともに転がる」と表現するが、そのときクライエントの言葉をもっともだと思いながら聞けるかどうかは大きな分岐点となるだろう。表面的な相槌かそうでないかは、クライエントは敏感に嗅ぎ分けるものだ。

たとえば万引きのケースでは、前々日警察に補導されたという母親からの連絡が入っているのに、娘であるクライエントはそのことをおくびにも出さない。なかには露悪的に自分の行った暴力や性犯罪を仔細に語るクライエントもいる。カウンセラーはクライエントのこのような言葉をいったん信じて騙されてしまうことが要求される。被害者感情からすれば許されない内容も、外国語を初めて聞くように無批判に聞くことが要求されるのだ。

なぜそんなことをするのか。クライエントの不満や納得のいかなさを、それを強制した人（多くは医師や家族）に向かって集約し、私というカウンセラーが味方（クライエントの側）であるという印象を植え付けるためである。もしくは、一般常識にのっとって頭から自分を断罪するカウンセラーではないというカテゴリーに入れてもらうためである。そのような存在として位置づけられることなくして、カウンセリングを継続することは不可能だ。

そのためにいちばん手っ取り早いのが、共通の敵をつくることでクライエントと「共闘・協働関係」を形成することだ。カウンセリングを強制したC医師に対する不満に相槌を打つことはそんな効果を持つ。もしかして医師の役割とは、進んでそのような憎まれ役を演じることではないかと思うときさえある。もちろん同じ専門家として、C医師がそこまで彼女に対して強く指示するのは、それ相応の根拠があるに違いないことは百も承知である。

アルコール問題はあと回し

さて、この時点ですでに私の中にはAさんをめぐるアルコール問題の構図が描かれている。これまで何度も彼女はアルコールによるブラックアウト（記憶を失うこと）を起こしているのだろう。最近は顔に傷ができるような転倒によって、職場の同僚や上司も知るところになっている。ひょっとしてこの美貌ゆえに、入社当初から飲みに行くたびに豪快な飲みっぷりが評判だったのかもしれない。

上司が受診を勧めるというのは、日本の企業では相当な事態である。彼女にアルコール問題に気づいてほしいという上司の願いもあったのだろう。猫の首に鈴をつけるのは医師に任せようと思ったに違いない。

おそらくC医師はアルコールをやめるように言ったはずだ。Aさんがいちばん抵抗したのはその点だった。ひょっとしてカウンセリングではアルコールを飲み続けてもいいと言われるかもしれない、そんな可能性に賭けたいという意図も来談の陰にあるのかもしれない。

「じゃ、C先生のところを次に受診される予定はないんですか」

「でもね、上司から言われたから一か月後にもう一回だけと思ってます」

「そうですね、受診されたほうがいいと思いますよ。会社にも顔が立ちますからね」

ここでAさんは朗らかに笑った。

いっしょになって笑いながら、私は次の段階に入ろうと思った。

「ところで、カウンセリング以外にC先生がおっしゃったことはありますか」

「……そうそう、血液検査をしました。だから結果を聞きに行かなくっちゃ、次回」

「そうですか、血液検査ね。……体調はどうなんですか、たとえば身体がだるいとか」

「ここのところいいんですよ、食欲もありますしね」

「それはよかったですね、食べられるのがいちばんです。じゃ、受診の前は食欲がなかったんでしょうか」

「やっぱり飲み方が悪かったんでしょうかね、つまみ程度しか食べませんから」

彼女の健康問題に焦点化することは、アルコール問題に少しずつ入っていくために役に立つ。アルコールの飲み方に問題があると直言すれば、C医師と私は同じ穴のムジナになってしまう。そして彼女はカウンセリングに来なくなるだろう。そうなることだけは避けなければならない。

クライエントを失うという経済的理由だけではない。C医師からの信頼に応えるために、なによりAさんが手痛いアルコールによる失敗で職を失い健康も失うという事態を避けるために、来続けてもらわなければならないのだ。

私は、①Aさんの健康状態を心配している、②アルコールが健康状態を危うくしているのであればこれまでの飲み方を検証してみよう、という順番で核心に入っていくことにした。

うつむいて、三秒沈黙……

「私も今のままではたしかにまずいと思っています。……配置転換になっちゃうかもしれませんし」

「じゃどうすればいいでしょうかね、C先生はなんか言いましたか？」

「わかってるでしょ（笑）。やめなさい、ですよ。断酒しなきゃだめだの一点張りです」

「そうですか、う〜ん」

ここで私はうつむいて困ったように三秒くらい考え込む。この時間が大切なのだ。カウンセラーが目の前で困っている態度を示すことは、クライエントにとって必ずしも不快なことではない。それほどまでに自分のことを考えていてくれると思うから。

さらに効果もある。カウンセラーが不安がっているのだから自分がなんとかしなければならないのではないかと、いわば投げ返された判断主体を引き受けるようになる。

「じゃ、どうしましょうか。どういう飲み方ならいちばんいいと思いますか」

「量を減らしますよ、これまでの半分くらいに」

「でも、飲みはじめると記憶がなくなっちゃうんでしょ。どれくらい飲んだか把握できるんでしょうか」

「そうですね……今までも量を減らそうとしたことはありましたからね。そうだ、いつものお店に行く回数を減らせばいいんじゃないでしょうか」

「これまでは週何回でしたか」

「土日以外は毎日でしたね」

「土日は？」

「土曜は飲まずにいて、日曜は自宅でジントニック専門です（笑）」

ここまでで約四五分が経過している。その後、バーに行く回数をどの程度減らすかを具体的に取り決め、代わりにその時間をどう過ごすか（たとえば自宅でＤＶＤを鑑賞する、ジムで泳ぐなど）を挙げてもらい、その実行度を記録してきて次回私に見せることを宿題にする。

まとめとして、カウンセラーのほうからいくつか伝えなければならない点がある。Ａさんが来談したこと、なんとか量を減らそうとしていることへの評価は欠かせない。しかしそれだけでは不十分である。今後の方針も含めて明確に述べなければならないポイントがある。

Ａさんが依存症であるかどうかの判断は私の役割ではないと断ったうえで、カウンセラーとしての経験から、量を減らしながら飲み続けるのは断酒することよりはるかに難しいと考えていると、はっきり伝える。ゆっくりとした明晰な口調が望ましい。

「とても狭い道のように思いますが、あなたが量を減らしたいと希望されるなら、当面それに協力しましょう。だから正直に記録して私に見せてください。Ａさんが仕事を続けられるように、これからの人生を充実して過ごせるように協力しましょう。だから次回は必ず来てくだささい。そうしてくださることを信じています」

生け簀の魚

もちろんＡさんは架空の事例だが、このような経過をたどって断酒に至ったクライエントは少なくない。ときどき失敗しながらカウンセリングに通っているクライエントもいる。もちろん途中で来なくなった人もいる。

こんな経過は、見方によってはまどろっこしいかもしれない。「断酒しなさい、そうしないと死ぬよ」のひとことで済むことかもしれない。しかし、私たちの仕事はクライエントの「自己選択」という契機をはさまなければならない。カウンセリングが前提としているのが、独立した個人の主体性であり、その主体による判断なのだから。

開沼博「ポスト成長期の盛り場――歌舞伎町キャッチのエスノグラフィー」（『αシノドス』一〇二号、二〇一二年）によると、歌舞伎町でキャッチと呼ばれている行為はさまざまな細かい工夫がなされている。それらはカウンセリングと驚くほど共通しているのだ。そこでも、大切なのは「自分で選んだ」という契機をはっきりさせることだと書かれている。客をキャッチするという点で、カウンセリングとキャバクラは同じということなのかもしれない。

医師の強制によって始まったカウンセリングであるが、妙に相槌を打たれることでカウンセラーは自分の味方かもしれないと思い、カウンセラーが困っている状態を眼前にして判断主体としての自分を取り戻す。そして、自分の願望を否定されることなくその実現に向けて協働する姿勢を示されることで目標が具体化される。

Aさんの中には当初、断酒しようという動機はまったくなかった。むしろなんとか飲酒を続ける方策を得たいと思って来談したのだろう。それが一時間のカウンセリングを経て変わった。しかし、断酒の動機が芽生えたというわけではない。飲酒の量や回数を記録するという、きわめて具体的で日常的な新たな課題を遂行する動機が生まれただけである。

アルコールをやめるという壮大な目標は、成功か失敗かの二者択一を迫るだろう。もともと彼ら彼女たちは二者択一の世界を迫られながら、その恐怖からまたアディクションが駆動されてしまうという悪循環から逃れられないでいる。したがって、目標や課題を日常生活にぐっと近づけることは、スマホ画面を指で拡大した世界を目の当たりにするように、新たな地平を開くものである。

飲酒行動を記録するという目標は、Aさんにとって「とりあえずそれさえ実行すればいい」という日常生活における〝限定〟が生まれたことを意味する。任されるという自由ではなく、一つの制限がもたらされるには、カウンセラーへの信頼が前提になければならない。

いっぽうでカウンセラーの意図は、その動機がいずれ断酒につながる可能性を時間をかけて見守るというところにある。したがって、クライエントのとりあえずの目標を包含した上位の課題、拡大された携帯画面の全体像を絶えず意識していなければならない。断酒の再提言の時期、C医師との遠巻きな連携をどうするか、もしAさんに新たな飲酒による事件が起きたらどうするかといったリスクも考慮している必要があるだろう。いわば生け簀《す》の中で飼う魚のように、クライエントの行動範囲を絶えず測定しておく。

あからさまな強制によって外海に泳ぎ出てしまうより、「自分で選んだ」満足感のもとに生け簀の中で泳いでもらう。そして生け簀ごと、望ましい（たとえば断酒、加害行為の再発防止）方向に移動させること。これがカウンセリングにおける独特の強制であり介入なのである。

こんなことを書くと、だましじゃないか、手品みたいだ、と評されるかもしれない。続いてその疑問に答えよう。

2 「引き受ける」という覚悟

私がいつも使っているカウンセリング用の部屋には窓がない。ドアの開閉ぎりぎりのサイズにまで絞られたその部屋は、エアコンと空気清浄器を使って空気を入れ替えなければ密室状態となる。四季折々の木々を窓から臨むことはできないし、陽光が差し込むわけでもない。

しかしその小さな部屋が私は嫌いではない。クライエントを招き入れドアを閉めると、そこは私とクライエントだけの閉じられた世界となる。

何度も公的機関の相談室や大学の学生相談室を見学させてもらったことがあるが、たいてい部屋は広々としてソファはゆったりしている。一瞬うらやましく感じながら、もしそこで私がカウンセリングを実施したら、と想像してみる。たぶんその部屋の空気と外部のそれとはあまり変わらないだろうし、クライエントとの関係の密度は少しだけ低下するだろう。

本書の冒頭で書いたように一対一の関係は苦手だったが、ここまで閉鎖的で外界から遮断された空間の狭小性であれば、逆説的にクライエントと織りなす世界の豊かさと広大さを感じ取ることができる。これは千利休によって創始された侘《わび》茶の茶室と似てはいないだろうか。茶を点《た》て客にふるまう所作に伴う緊張感は大広間では生まれず、狭い空間と天井の低さ、最小限の外光によってもたらされる。カウンセリングを行う部屋は、どうせだったら茶室のように最小限の広さのほうが望ましいと私は考えている。

謙虚な物言いに潜むいやらしさ

では、カウンセリングは茶道のような高尚なものなのだろうか。おそらく同業者の誰もが表向きイエスとは言わないだろう。

「私たちはクライエントの問題解決のお手伝いしているだけなんですよ」
「たいそうなことをしているなんて思ってはいけません。目の前のクライエントこそが解決の主体なのですから」
「私たちは職人みたいなものです。決して表舞台に出てはいけません」

援助職の世界は、なぜかこんな優等生的発言に満ちている。いかにも謙虚そうに聞こえる言葉だが、はたしてどうなのだろう。

落としどころに「クライエントとの協働」「解決主体としてのクライエント」（クライエントを「患者」や「利用者」と言い換えてもいい）といった言葉を散りばめれば、どこに行っても通用するし、研究論文の一本も書けてしまうほどだ。まさに決めゼリフである。

そんなセリフを聞いているとイラついてくる。講演などでそんな言葉が飛び交うたびに、思わず「チッ」とつぶやいてしまう私だ。自分の役割を限定し、控え目であることを強調するのは、単に通行手形を見せているだけではないだろうか。それは「患者様」という表現に抱く違和感に近い。政治家が自らの政治姿勢を正当化する手段として、「国民の皆様のために」「国民目線で」などというフレーズを用いるのとどこが違うのだろう。

「国民のために」という言葉が政治家のエクスキューズになるように、「クライエントが主体である」と述べれば私たちも自己正当化できる。決めゼリフをスローガンやお題目のように使うことで、クライエントのことを考えているように見えて、実はカウンセラーである自分たちを守っている。そこに、なんともいえない欺瞞を感じてしまうのだ。へりくだっているかに見えて、実はクライエントを蔑視しているのではないかとさえ思う。

心の悩みか、おしゃべりか

先日ある学会で座長を務める機会があった。めずらしくジェンダーをテーマにした三つの発表演題をまとめなければならなかった。そのうちの一つは、性的マイノリティの人たちが集う場を運営する人の発表で、当事者でありつつ援助者であることという刺激的な問題提起を含んでいた。

質疑応答の際、フロアから投げかけられた質問がある。それほど若くはない一人の臨床心理学研究者はこう述べた。

「その人たちは何か悩みがあって来ているんでしょうか。それとも話す場が欲しくておしゃべりしたくて来ているんでしょうか」

さらりと聞き流せば、奇異な質問ではない。しかし私は、そこに臨床心理学にまつわる「本質的」な何かを感じてしまった。

「心の悩み」をあつかうのが心理職であると考える彼にとって、自分のセクシュアリティの問題、カムアウトする場への欲求というのは、「心の悩み」ではないのだ。今やLGBT★という言葉が市民権を得ているが、九〇年代までは同性愛者は「異常心理学」のカテゴリーに閉じ込められていた。おそらくその時代であれば「心の悩み」に加えられただろう。つまり、現実生活におけるさまざまな困りごとを心的機制・心的現象として把握したときに、それは初めて「心の悩み」になるわけだ。そう考えている研究者は多い。むしろ臨床心理学のメインストリームはそちらにあるだろう。

本書において私は「こころ」「心」という言葉を極力使わないように避けてきたが、その理由が、彼の質問によってはっきりした思いだった。おそらく質問者の頭の中で組み立てられていた臨床心理学的シェマの中に、発表内容は包含されなかった。それは心の悩みではない、とすればその人たちはおそらくおしゃべりの場を求めて訪れるのだ。そう彼は考えたのだろう。

ドライフラワーを野に戻せ

とすると「心」とはいったいなんだろう。心的機制とはなんだろう。性的マイノリティとしての孤立感や苦しみは、それらが「個人化」され、「構造化」され、自我機能や人格の問題へと収斂させられるところに生じる。それが「心の悩み」であり、心理療法が対象としてきたものである。

とすれば、私がずっと実践してきたのは、心理療法ではない。治療するわけでもなく、治したりするわけでもない。誰かのことで困ったり、何かが起きて苦しかったり、ひどく傷つけられて眠れなかったりする。家族との関係が行き詰まったり、仕事や学校、恋愛などでどうしていいかわからなくなっている。それらを「心の悩み」などと総称するのではなく、すしネタのように活きのいいままで、具体的で切実な状態のままで、カウンセリングの対象にするのだ。

たしかにどのような問題も、「気の持ちよう」とか「やっぱり自分の問題だ」と集約することはできる。しかしそれはドライフラワーのようで、どこか操作され加工された気がするのは考えすぎだろうか。

★　ＬＧＢＴ……女性同性愛者（レズビアン：Lesbian）、男性同性愛者（ゲイ：Gay）、両性愛者（バイセクシュアル：Bisexuality）、性転換者（トランスジェンダー：Transgender）の性的少数者を呼称する頭字語。

その花が咲いていた野原に立ち戻って出発することが、問題の展開を豊かにすると思う。性的マイノリティの問題やＤＶ・虐待の問題は、それぞれ社会の枠組みや家族のあり方と無関係ではない。社会や集団との関係で生起した問題を、その文脈の中でとらえ直していくことこそが、クライエントの視点を外向きにするはずだ。

このように私が主張するのは、むしろクライエントのほうが、すでに「自分の問題」とか「心の悩み」としてとらえてしまっているからである。カウンセリングで語られるとき、すでに「心の悩み」としてドライフラワー加工がなされてしまっている。おそらく自分だけを見つめるほうが、具体的関係性を変えていくよりはるかに楽なのだ。後述するように、その方向性を外向きに変えていくために私は多大な努力を払うのである。

見立ての前に「覚悟」が試される

精神科医は患者の症状に基づき、ＤＳＭ（Diagnostic and Statistical Manual of Mental Disorders：精神障害の診断と統計の手引き）に代表される診断基準のどこに位置づくかを検索する。精神科医が優れているかどうかは、他科医同様に正確な診断能力にあることはいうまでもない。

いっぽう、臨床心理学では「診断」ではなく、「見立て」という言葉を用いる。臨床心理学的支援のためには正確な見立てが求められる、とされている。おそらく先の質問者の彼は、自らのシェマをフル稼働させて、発表された事例を見立てようとしたのだろう。

しかし私は――問題発言かもしれないが――「見立て」というものをそれほど意識したことはない。見立てを成立させている固定的な前提を疑いたいと思うからだ。

ここまで述べてきたように、クライエントの語る言葉を一つの物語として聞き、私の頭の中で情景を思い浮かべ、映画のように細部を想像することが、カウンセリングにおける私のひそかな楽しみなのである。それがどれほど悲惨な内容であろうと、話を聞く私は心揺さぶられ、動かされる。つくづく、この仕事を続けてきてよかったと思うのである。

しかし、プロとして仕事をするためには楽しんでばかりはいられない。クライエントの語る言葉を聞くということは、それを「引き受ける」という覚悟を伝えることでもある。少なくとも私はそのように思いながら座っている。おうむ返しをしたりうなずいたりするという〝技法〟もあるが、そんなものに頼るようなカウンセラーの不安や怯えは、不思議とクライエントに伝わってしまうものだ。

引き受けるという姿勢は、クライエントの背負ってきた重荷が少し軽くなることを意味する。「ああ、このカウンセラーは私の苦しみを引き受けてもいいと思い定めている」と思ってもらえるかどうかが、カウンセラーとしての最初の関門である。

このように安堵感と安心感を抱き、楽になることは、クライエントの責任の放棄につながり、私への依存を助長しているように思われるかもしれない。実際、重荷を背負ってきたクライエントが、判断する主体までも私に明け渡してしまう危険性は十分にある。

しかし重要なのは、私が実際に引き受けることは不可能だということである。不可能なのである。にもかかわらず、カウンセリングの時間内だけは、その過剰なほどの責任を引き受けてもいいという「覚悟」を私が示す。そこにクライエントからの信頼が生起する。

この「責任をめぐる交換」とでもいえるやりとりは、たとえそれが幻想であったとしても、カウンセリングには欠かせないプロセスであるように思われる。これを「ラポール」と呼ぶのかもしれないが、私にはもっと微細でいて、どこか面接試験のようにも思えるのだ。もちろん私を面接するのはクライエントである。「このカウンセラーは私の重い荷物を背負えるだけの人物かどうか」と。

ストレートに責任をめぐるやりとりが交換されるわけではない。なかには「お任せします」「先生、お願いです、助けてください」と言いながら、決して私の言うことに同意せず、自分のやりたい方向に私の発言を利用していくだけのクライエントもいる。そもそも自分の考えていることを言語化できるかどうか、それを伝えてもいいかどうかで迷うクライエントもいる。私の話すことが相手に届いているような気がしないのに、相手は何かを受け取っていたりする。

しかし、どの人も私にとって大切なクライエントであることに変わりはない。どのような球種であろうと、どんな早い球でもちゃんと受け止めますよ、という態度で私はクライエントの前に座ることにしている。

否定なき「とらえ直し」

二番目に待ち構えているのは、「そのままのあなたでいい」などというキャッチーな言葉とは正反対の、「とらえ直し」という関門である。とらえ直しとは何か。例を挙げよう。

クライエントがカウンセリングに来るのは、苦しかったり、心配だったり、つらかったり、迷ったり、放っておけなかったりするからだ。それを先述した質問にも見られたような「心の悩み」と表現してしまえば、それは私たちの心の中に生起する出来事となってしまう。しかしそれを「問題」としてとらえ直せば、他者と共有可能でもっと外在的な出来事になるだろう。

「私はこのような悩みを持っているんです」とクライエントが表現したら、
「あなたはそのような問題に困っていらっしゃるんですね」と私が言い換える。

これがとらえ直しである。

クライエントの視座（問題のとらえ方）をXとすれば、それに苦しみ、限界を感じつつも、混乱してそれ以外の可能性が見えないために、結果としてXを維持しているという状態はめずらしくない。そのことに対して自覚的なクライエントもいれば、X以外の世界はありえないと考えている人もいる。

たとえば、「母親のことをうとましく思うようになってつらい」と述べる女性は、「娘が母に対して忌避感情を持つことはよくない」というXを持っている。なぜなら、ずっと母親のことを信じ、母親が幸せになるためにはもっと娘である自分が支えなければならないとして生きてきたからである。Xとは、長年娘が生きてきた信念であり、信じ切ってきた規範そのものなのだ。しかし、あるときからXの頑強な世界にひびが入りはじめたのだ。

母への嫌悪や恐怖まで感じるようになった自分は、Xの基準からすれば許されるはずもない。ひどい娘であり母に対する罪悪感も生じてしまう。しかし自分の感覚を否定することはできない……。このような悪循環の中でカウンセリングを訪れる。

字義どおりに解釈された「とらえ直し」は、Xの否定につながってしまう危険性がある。しかし、Xのとらえ直しは、Xの否定ではない。別の視点や角度からXを見直すことである。そのためには次のようなプロセスが必要となる。

Xの内容を十分汲み取り、どのような必要があってXが形成されたのかを知り、クライエントにとってそれが一つの必然であったと了解すること、そしてXのもたらす意味と切実さを心打たれるまでに追認すること、これである。これまで避けてきたが、あえて言うならば、これこそを「共感」と呼びたい。「母を支えるのは私しかいない、母を責めたり批判するのは悪い娘である」というXとは実は、母自らが家族の中で生きるために娘に与えたものである。それによって母は娘である自分を巻き込み、支え手の役割を付与したことを知るのである。それに気づけなかった自分がバカだと責める娘たちもいるが、母のつくる世界の中で生きてくるしかなかったし、サバイバルのためには選ぶことなど不可能だったことも伝える。

このように、「とらえ直し」は世界の転換にも似ている。したがってカウンセリングにおいては、どんなタイミングでそれを行うかが決定的に重要であることはいうまでもない。

常識を再定義するとはどういうことか

少々硬い表現になるが、とらえ直しとは、「再定義」することである。

ええっ、再定義って？　と驚かれるかもしれないが、特に難しいことではない。

たとえば、机の上に一個のリンゴが置かれているとしよう。一定の距離で決められた位置からリンゴを眺めれば、その光景は変わらない。静物画といわれるように、リンゴが動かない限り、時間が経っても同じ状態をデッサンすることができる。

再定義するためには、私たちがリンゴに近づいたり、角度を変えたり、裏側に回ったり、高いところから見下ろしたりしなければならない。そうすることで、まったく違うリンゴの姿が見えてくるだろう。

さらに、リンゴのにおいを嗅ぎ、触って手触りを確かめてみることで、私たちの身体とリンゴが近しく交わることになる。どこの産地でどんな種類かを調べ、どこで買ってこの部屋まで誰が運んだかという「歴史」や「物語」を知ることで、リンゴの見え方が変わるかもしれない。

同じように、「心」「心理」という言葉をとらえ直すこともできるだろう。そんなものはしょせん、デカルトから始まる近代哲学の心身二元論的世界観を起源とする考え方にすぎない。そうくってしまうこともできる。しかしそんなことは百も承知であるにもかかわらず、自分の内部ばかりを見つめ「自己肯定感」といった言葉にしばられたクライエントは多いものだ。

家族、親子、夫婦、そして性別、働き方、お酒の飲み方……。数え上げれば、私たちが生きている社会が秩序立って維持されるために、どれだけの「常識」が必要とされ動員されているのだろう。それらすべてが無意味だと言いたいわけではない。カウンセリングに訪れる多くの人たちにとって、そのような常識こそが桎梏《しっこく》となっていると伝えたいのだ。問題のとらえ直し、再定義が可能であることすら信じられないほど、その拘束は日常化している。

その人たちの心に問題があるのではない、病理が潜んでいるわけでもないと明確にすること。そして「あなたが苦しくどうしようもなくなっていることは当然である」と判断すること。

このような問題のとらえ直しをクライエントに対して積極的に伝え、それが受け入れられるかどうかが、カウンセリングの二つ目の関門である。正確に言えば、その関門は門というよりトンネルのように長く続き、なかなか抜けることはできない。社会の常識は網の目のようにはりめぐらされており、想像を絶するほど強固だからだ。

再定義し、問題をとらえ直すためには、カウンセラーである私自身が日常生活において、多重・多層的常識の世界を生きなければならない。カウンセラーとしての少々過激な発言と、私生活におけるコンサバな態度が共存できるように、判断軸の幅をマックスにまで広げなければならない。そして予測不能であることを偏愛し続けながら、ルールを自分に課さずにだらしなく暮らすことを心掛けている。

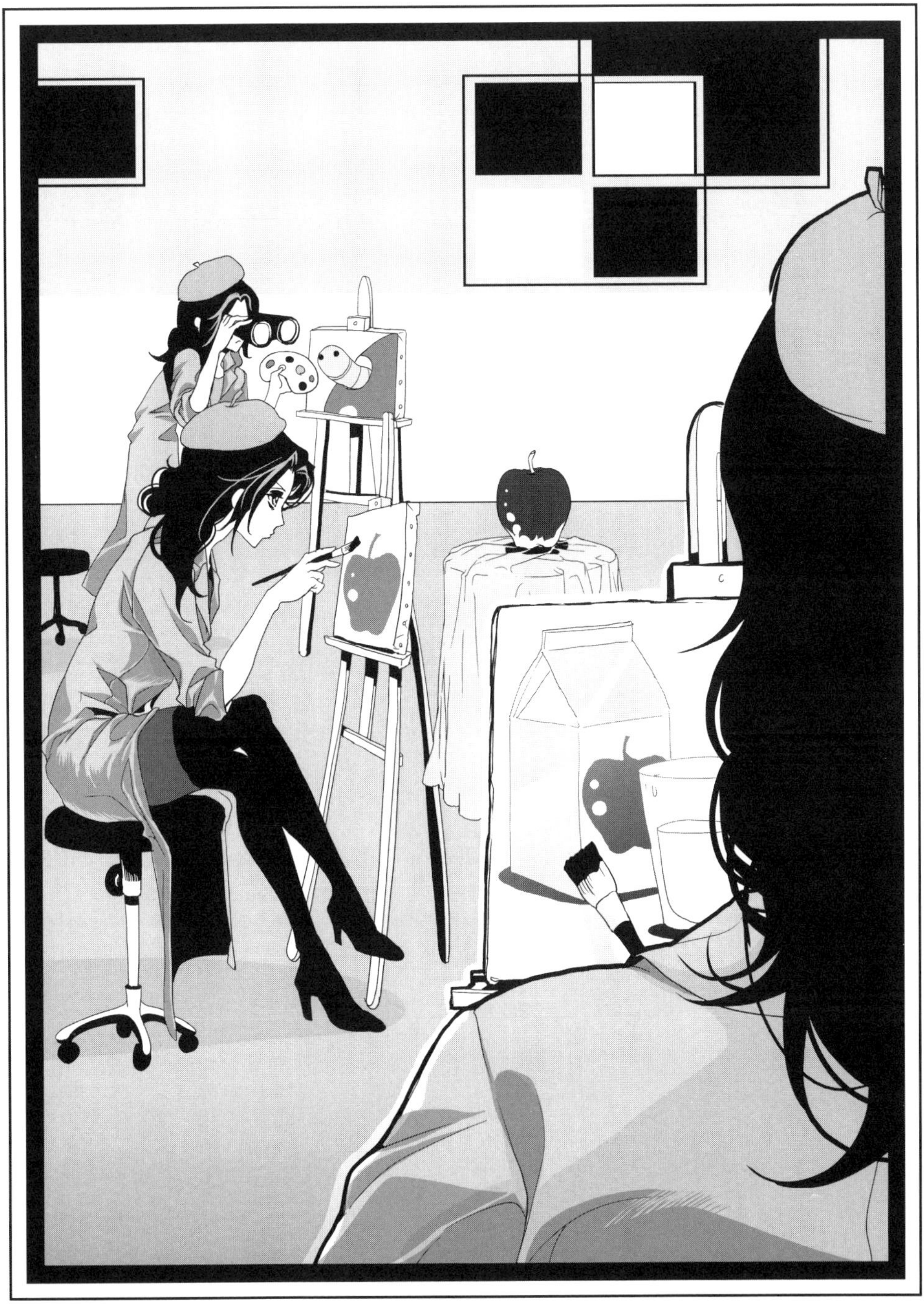

偉そうに書いてきたが、これらが私なりの努力といえるだろう。

共感疲労はないけれど、正直、自分自身の許容度、判断する幅の広さを絶えず更新することに割くエネルギーが枯渇しそうになることもある。その都度どうやって燃え尽きずにやり抜いてきたのだろう。それらについてはこの第1部の最後に振り返るとして、私の「踏み込み方」についての説明を続けよう。

3 言ったとおりにしてください

カウンセリングというと一対一の個人カウンセリングを思い浮かべる方が多いと思うが、私の臨床経験のルーツはグループ（集団）にある。すでに述べたように大学院に入って最初に出会ったのが、心理劇（サイコドラマ）や子どもの集団活動だった。初めて一対一の面接をしたのは、精神科病院の仕事を始めてからだ。

グループ、私の始め方

原宿カウンセリングセンターでは、現在八つのグループカウンセリング（週一回か二週に一回／二時間）

を実施しているが、そのうちの五つを私が担当している。いずれもプログラム化されてはおらず、毎回のテーマも決まってはいない。緊急性の高いクライエントが参加しているグループでは、個別性を大切にしながら明快な「介入」を行う。

ＤＶ被害者のグループであるＡＧ（Abused Women's Group）、子どもの問題で来談している母親を対象とした二つのグループ（共依存のグループ＝ＫＧⅠ、ＫＧⅡ）は、一週間のあいだに大きく事態が変化するために、状況に応じた私の判断が要求される。

グループを始めるにあたって重要なことは、何度も繰り返しているように、時間厳守である。しばしば医療機関においては、予約時間はあってなきがごとき状態となる。予約時間より三〇分以上待たされることも当たり前だ。予約時間はあくまで目安であって、同じ時間に予約した患者さんが何人もいるのだと聞いたこともある。しかし私たちのセンターのすべてのグループは、開始時間をぴったり守ることにしている。遅れてもせいぜい五分以内だ。

ミーティングルームに円形に並べられた椅子にクライエントが座り、ファシリテーターの私はホワイトボードを背にしてほぼ中央に座る。

「こんにちは、では○○さんからどうぞ」

この言葉からグループは始まる。私から見て右端から順に一人ずつ、発表をしてもらう。もちろんクライエントの名前は全員覚えておかなければならない。毎回、こうして私の記憶力が試される。

発表内容は、自己紹介、前回のグループから今日までに起きたこと、私への質問からなる。一周するあいだ、私はひたすら聞くだけで、コメントはしない。この手順を変えることはない。クライエントたちは、自発的に参加人数から自分の持ち時間を計算して発言するので、約一時間で一周する。

儀式のように粛々と

同じ場所で、同じ時間きっかりに開始されること、右端から同じ方向に発言者が回ること、自己紹介と報告・質問をすること、私がコメントをして二時間で終了すること。この流れを変えることはない。グループ運営において、私はこのような「決まりきった」様式を大切にしている。それは自助グループから学んだものだ。

アルコール依存症をはじめとする多くの自助グループにおいては、いくつかのさまざまな「決まりごと」がある。開始時に司会者が読み上げる言葉、自己紹介の方法、それに対する合いの手、終了時のハグや隣同士で手を握り合って唱和する言葉……。

初めて参加したときは戸惑うが、だんだん慣れていくプロセスそのものが所属感の高まりとなる。このような儀式性がグループの一体化を強め、人数の総和を超える何かを生み出す。この「何か」こそが、AA（Alcoholics Anonymous：アルコール依存症者の匿名の会）でハイヤーパワーと呼ばれるものであろう。

グループカウンセリングでは私というファシリテーターがいるため、自助グループとは異なり、むしろ集団は私を中心として凝集する。後述するが、このような構造がもたらす安心感と所属感がグループの効果を高めると考えているため、意図的にこの儀式性を活用している。

自己紹介が変わっていく

さて、一週間の報告の前に必ず自己紹介をするのも、一つのルールである。

「二十四歳長女の引きこもりと、無関心責任転嫁型の夫の問題で参加している○○です」というように、紹介する内容はクライエントが自分で決める。

最初は「境界性パーソナリティ障害の三十一歳の娘のことで来ている△△です」という自己紹介もあるが、やがて「先生、この名前そぐわないですから、変えてもいいですか」と言うようになる。医学的診断名と、母親の困っていることがらとの乖離がしだいに大きくなるのだ。

「なんて自己紹介していいのか、ちょっとわかりません」というクライエントには、私のほうから質問を投げかける。

「今はお嬢さんの何がいちばん困ったことですか？」

「精神科病院を退院してから、ずっと無気力なのが困りますね。それから無神経な発言をする夫のことも」

「それらをひっくるめるとどうなりますか？」

「『病院を退院後無気力な三十一歳の娘と、無神経な発言を繰り返す夫のことで来ている△△です』でしょうか？」

「いいですね、それでいきましょう」

事態が好転したり新たな局面が見えてくると、最初の自己紹介を変化させる必要性が生じるのだ。クライエントにはこう伝える。

「お嬢さんとの関係や、家族のとらえ方が変わったから自己紹介を変えようと思ったんですね。△△さんがグループに熱心に通われたから起きた変化だと思いますよ」

家族の外科手術

集団精神療法やグループセラピーと呼ばれるものは、参加者の内的変化や成長を促すことを目的とするとされている。ＳＳＴ（Social Skills Training：生活技能訓練）も、参加者自身のソーシャルスキルの変化を目的としていることは言うまでもない。しかし私の担当しているグループは、参加者自身の対応や発言を変化させることで「今、ここにはいない」人を変化させることを目的としている点で、大きく異なる（参加者自身の成長や内的変化は、結果として付随的に生じることはあるが、それ自体が第一義的目的ではない）。

一周目のクライエントからの報告に続き、一人ずつ私がコメントするという方法も、集団精神療法ではほとんど見られないだろう。それはひとえに、「介入」を目的としているからだ。子どもの困った行動を変化させること、そのために母親であるクライエントの言動をどのように変化させればいいのか。

コメントは具体的提案や指示が中心であり、どちらかと言えば、家族の外科手術を行うというイメージに近い。

忘れてはならないのは、どのような根拠で介入を行うか、なぜそれが必要かをつねに説明可能な状態でいることだ。無根拠な指示は単なる強制であり、盲信を強いるにすぎない。

「〜しなさい」「だめじゃないですか」「どうしてできないんですか」「言ったじゃないですか」「あなたは〜なんですよ、だからそんなことしちゃだめ」……

このような発言をしてはならない。それでは単なる強制であり、命令であり、叱責である。彼女たちがしばしば子どもに対して用いる言い回しを、私がなぞることになる。それは許されないことであり、カウンセラー失格でしかない。

私ならこう言う！

私がグループで用いる特有の言い回しがある。

——○○さん、前回の宿題やってきましたか？

——前回のグループで私が言ったことを覚えていますか？

——もうグループにどれくらい通っていますか？　まさか毎回私がお伝えしていることをお忘れになっ

ているわけではありませんよね。
――そのような発言をしたらお嬢さんはどう感じるでしょうか？
――同じことを繰り返していませんか？　どこを変えようとなさったんでしょうか？

聞きようによっては、間接的に参加者を「叱る」発言かもしれない。参加者の中には、「信田先生、厳しい」などと反応する人もいる。

正直、命令したいと思うときもあるが、どんなわずかでもいい、クライエントの自己判断の余地を残さなければならない。私の提案を「ノー」と拒否する自由を担保しなければならない。したがって、クライエントが最終的には答えを出すという形式は死守する必要があり、私の発言は質問形を用いることになる。

なかには聞く耳を持たない母親もいる。そのときはゆっくりとこう伝える。
「〇〇さん、いいですか、よ〜く聞いてください。一回で実行できなくてもいいんですよ。でもね、グループには現状を変えたいと思って来ていらっしゃるんですよね。であれば、私が提案するとおりにとにかくやってみてください」

これは「お願い」であって、命令ではない。カウンセリングの基礎になっているのが、クライエントの主体性（自己選択、自己決定）の尊重であることを考えると、介入とは、〝強制〟とクライエントの〝意思尊重〟とのあいだのきわどい境目を縫うようにして行われることがわかっていただけるだろうか。

他者へのコメントを聞く意味

「『てめーなんか、親じゃねえ！』って大声出して、はさみを私に向けたんです。怖かったんで何も言えずに、外に逃げてしまったんです。主人に携帯で連絡をとったら急いで帰宅してくれたんですけど。私の対応、これでよかったんでしょうか」

このような質問が多く出される。一つずつ、すべてを記憶しておいて、コメントの時間に答えるようにする。十人の参加者であれば、十通りの問題が生じているのであり、私のコメントも十通りになるはずだ。

重要なことは、私の一人ずつに対する個別的コメントを、他の参加者全員が聞いているという点だ。全員が自発的にノートを持参しており、ほとんどの参加者が私の発言を記録している。

ここにグループの意味がある。つまり自分とは違う問題で来談している参加者に対する私のコメントから、他の参加者はヒントを得る。私はその点を意識しながらコメントをする。彼女たちはしばしば「自分の家だけがこんなにひどい状態だ」「うちは特別だ」と考えがちだ。しかし個別を突きつめていくと、数多くの共通点があること、構造的には相似形であることを強調するのだ。

もちろん、そう考える根拠をわかりやすく示し、「これは○○さんと同じですね」「△△さんへのコメントと同じですが、もう一回繰り返しましょう」などと、つながりや重なりをつくっていく。

具体的なセリフまで指示をする

もしも私の方法に特徴があるとすれば、具体的なセリフまで指示する点だろう。

アディクション、統合失調症、不登校、引きこもり……。さまざまな子どもの問題を抱える親を中心とした家族会は膨大な数にのぼる。そこでお題目のように唱えられているのが、「人は変えられない、自分は変えられる」「親が変われば子どもは変わる」「とりあえず距離をとりましょう」といった言葉である。

ではいったい変わるとは何なんだ？

距離をとるとはどういうことなのか？

一見正しい言葉は、無意味なスローガンにすぎない場合が多い。距離をとっているつもりでも、無制限に母親が家事援助や経済援助を与えている例は枚挙にいとまがない。「変わらなくっちゃ」と言いながら、そう発言するだけで満足している母親も掃いて捨てるほどいる。

したがって、なにより重要なのは具体的な言葉である。どのような言い回しで伝えるかの点検を欠いては、当人の主観的満足に終わり、結果的に事態は好転しない。

「いいですか、私が言いますのでそれをノートにメモしてください。……はい、じゃそれを読み上げてみましょう」

「帰宅したら……そうですね、二～三日中にその言葉を息子さんに向けて投げかけてみましょう。少し怖いかもしれませんが、勇気を出してください。ここにいる皆さんは、勇気をふりしぼって実行してきたんです。がんばってくださいね。来週、報告してください。できなくてもグループを休まないようにね、私は怒りませんから」

私は「カリスマ」を拒まない

お読みになった方は、質問に答えたり、セリフを教えたりするなんて、本人の力を育てるより奪ってしまうんじゃないだろうか、と危惧されるかもしれない。医療の場とは異なり、一般的にカウンセリングでは、クライエントの自発性や成長を促すことに価値が置かれる。質問をされたら「あなたはどう思いますか」と投げ返すべきであり、カウンセラーが答えてしまうようなことは、多くの場合避けるべきとされている。

しかし、すべてを承知で介入をしなければならないときがあるのだ。指示することのリスクより、生命や安全を脅かされるリスクのほうを重視する。それが介入を正当化する。

次回までの一週間で、クライエントが息子から頭を割られないために、娘の自殺企図を防ぐために、夫のＤＶを回避するために、私の指示が必要になる。そのときは「言ったとおりにしてください」と伝え、おまけのようにして「でも最終的に決めるのはご自分ですから、私が強制することはできません」

とエクスキューズを述べる。

　共依存のグループでもDV被害者のグループでも、中心にいるのが私というカウンセラーであり、あらゆる指示、方向性が私の手に委ねられている。そこには明らかな勾配関係が存在する。発言をすべてメモする参加者は、まるで私を〝尊師〟のようにとらえているように見えるかもしれない。

　危機を前にしたとき、情報伝達、方法論の明確化がどれほど必要かは、東日本大震災の折でも明らかになった。家族の中で起きている危機も、実は同じ構造である。緊急事態を避け安全を確保するためには、方法論を徹底させる必要がある。それが、少し外部にいる援助者の「役割」なのだ。そのためにクライエントは料金を支払って来談している。少しでも自分や家族の状況を好転させたい一心なのだ。それがわかっているからこそ、クライエントの要求に応えているという確信があるので、私は安心して指示ができる。

「言われたとおりにする」というクライエントの一見従属的態度も、指示をした結果がよければすべて正当化される。クライエントは、自分の判断力を確かなものにするためではなく、今家族で起きている問題が少しでも良い方向に向かうことだけを願っているのだ。プラグマティックともいえるこの願望に応えるために、私はカリスマ的位置に祭り上げられることを拒まない。

　このように緊急介入は、勾配関係やワンナップのリスクを、介入の速度や確実さといったメリットに転換させて実施する。そのことによって生じる一種の副作用を十分自覚したうえで、そうしなければならないときがある。

グループだからこその安心感

グループは、このような指示的態度によって生まれる勾配関係を緩和する機能を持っている。同じことを個人カウンセリングで実行するのはきわめて困難である。一対一の場面で、私が指示をすれば、クライエントはとてつもない力を感じて反論できないだろう。この反論不能性はとても怖いものである。いっぽう、グループでは安心して指示をし、方向性を提示し、やんわりと諫《いさ》めたり批判したりできる。いったいなぜだろう。

個人カウンセリングとの決定的違いは、参加者が大勢いることである。終了後、彼女たちは近所のカフェでお茶をして、クールダウンをする（しているようだ）。一歩カウンセリングセンターを出てから彼女たちのあいだで起きることに私は関与できないし、私の責任はない。おそらく私への苦情や批判も出るだろう。そのことが、私にとってはこのうえない安全弁と思える。

一対一という状況は誰も見ていない空間であり、指示をすることの権力性は止めようもないことに対して、グループのカウンセラーは数からみれば多勢に無勢である。それゆえ介入に対するためらいは少なくなる。数からみればカウンセラーは凌駕されているからこそ、私が指示的であったとしてもバランスがとれるように思う。

グループカウンセリングという場において私は解放感を感じる。大勢の参加者を前にすることはたしかにハードではあるが、のびのびできるあの感覚は、個人カウンセリングとは違った意味でカウンセリングの醍醐味なのだと思う。

「自分でやった」と思えるために

先日、一人の女性がＤＶ被害者のグループを卒業した。グループを終了するかどうかは、最終的には本人が決める。

彼女は、五年前に原因不明ともいえる過緊張と過呼吸発作で来談したが、夫への恐怖が根底にあることを自覚し、ＤＶ被害者のグループに参加した。四年間かけて、ＤＶ被害者としての自覚、夫と別居する決意、二人の娘と夫の親族に対する開示、夫への告知、アパートへの別居、調停、そして離婚に至った。

離婚調停が成立した日、彼女は家裁から私たちのセンターに直行し、私に大きな真紅のバラの花束を贈ってくれた。芳香を嗅ぎながら、「よかった、よかった」とつぶやく私に対して、彼女は言った。

「これまで、ありがとうございました。ほんとにグループに参加してよかったです。いろいろ先生から言われたことを実行してきたんですが、不思議なことに今振り返ると、ぜんぶ自分がやったんだ、という気がするんですよ」

バラの花も美しかったが、私にとって、その言葉は最高のプレゼントだった。なによりうれしく、壁に書いて貼っておこうとさえ思ったほどだ。
最後はクライエントが「自分でやった」と思える。それが介入の条件である。

5 お金をください

1 エクス・メド

カウンセラーとしての私を語るとき、どうしても外せないことがある。精神科医療と私との関係である。それは個人としての私というより、カウンセラーとしての立ち位置や、立っている足元の構造を説明する際に不可欠だ。まずは、原宿カウンセリングセンターを設立した当時の状況に立ち戻らなければならない。

私の来歴――ささやかな美学から

精神科病院に五年間勤務した後、二十八歳で退職した。ここでは個人史を書くことが目的ではないので、くわしい退職前後の事情は省略する。それから十年間、私は二度の出産と育児というライフイベントによって大きく影響され、パリに二年間住むという経験もした。

いっぽうで、アルコール依存症の単身男性で生活保護受給者を対象とした社会復帰施設や、東京都の保健所で主催されていた「断酒学校」で、細々と非常勤心理職として働き続けた。いずれもグループ活動をメインとしていたが、病院の中では見たこともないアルコール依存症者の別の顔を知ることができた。そして、保健所においてはアルコール依存症者の妻に、社会福祉施設においては当時日本では勃興期だったＡＡに、リアルに触れることができた。

今でもそれらは、心理臨床家としての財産である。しかしそのころの私は、まだ自分のことをカウンセラーと定義していなかった。

正確に述べれば、私のカウンセラーとしての経歴は一九八三年に始まる。

当時三十七歳であった私は、一人の精神科医の誘いをきっかけに、ある民間のカウンセリング機関に勤務する決断をした。アメリカで当時いくつか誕生していたパラメディカルスタッフ主導の相談機関をモデルに、その精神科医が提案して立ち上げたものである。精神科病院における強固なヒエラルキーを体感していた私にとって、医療の外部でアルコール依存症、それも女性の依存症者にかかわることができるというのは大きな魅力だった。

それから十二年の間、アルコール依存症に始まるさまざまなアディクション問題を持つ本人・家族との出会いを経験することになる。そのあいだに、第二子である長女は五歳から十七歳に成長した。仕事を続けながら、育児や家事との格闘を迫られる時期でもあった。

これまで私は、私生活について述べることを控えてきた。オーバーな表現かもしれないが、それは私なりの「美学」である。私の売り物は別のところにあるという、どこか傲慢な考えと、古臭いと言われるかもしれないが、プライベートな事情を開示することが「仕事上のハンディを付けてくれ」という要求につながるのではないかという危惧があった。

育児や家事の大変さを、ことさらに強調することは見苦しいと今でも思っている。だから書けば膨大な量になるほどの苦労はあるけれど、やはり本書でもその美学を貫こうと思っている。

ある創成期の物語

今から二十年近く前の一九九五年十二月十七日の日曜、原宿カウンセリングセンターのオープンが翌日に迫っていた。

他のスタッフにオープンのための準備をすべてを任せ、神戸での学会に出席していた私は、帰りの新幹線の車内でひっきりなしの腹痛を覚えた。なんとか我慢して帰宅したとたんに、猛烈な吐き気と悪寒に襲われ、夜間救急外来を受診した。注射を打ってもらい、薬を飲んだ私は泥のように眠った。

明日だけは、何があろうと這ってでも原宿に行かなければと夢の中で念じたのが通じたのか、翌朝目覚めたとき、憑き物が落ちたようにすっきりとした気分が戻っていた。

十二月十八日の月曜、記念すべきオープンの日、冬の朝の日差しは弱々しかったが、師走の寒さに身が引き締まる思いだった。心なしか足取りも軽く、私は初めて原宿カウンセリングセンターに出勤した。

どんな国にも、宗教にも、はたまた会社にも、必ず創成期の物語が存在する。どれほど歴史が短かろうと、その物語はどこか神話化されており、そこに属する人たちすべてに共有される。石持て追われた人たちが新たな土地で生きはじめるとき、その迫害の度合いが大きければ大きいほど、神話は強固なものになる。私たちも同様だった。

二人の精神科医の傘の下

前の職場は、精神科医Aの所有するビルの二階にあった。最上階には彼の経営するクリニックがあった。

カウンセリングの業務内容は、定期的カンファレンスも含めて、精神科医Bの指導のもとに実施されていた。勤めはじめた当初は女性のケースワーカーが所長だったが、彼女に経営権はなく、いわば雇われ所長であった。実質的な経営者は、ビルのオーナーであるAだった。

数字に疎い私は、当時そのような経営形態にはほとんど関心がなく、来所するクライエントの多様さや多彩さに心躍らせていた。途中から私が所長となったが、経営的権限のないことに変わりはなかった。言ってみれば私たちスタッフは、ビルのオーナーである精神科医Aと、臨床プログラムや方針を決める精神科医Bの二人の采配に左右され、支配されていたのだった。そのような構造に不満がなかったと言えば嘘になる。しかし、朝令暮改のような方針の転換に右往左往しながらも、自分から辞めなかったのには理由があった。

クライエントを任されること、自分なりの判断でケースを展開できることがうれしく、満足感があったのだ。当時、日本中のどこを探してもそんな臨床の場はなかった。なにより日々学ぶことは多く、B医師の発言や著書から吸収するものは大きかった。二人の精神科医によって、経営や運営方針を実質支配されていたことにそれほど痛痒を感じなかったのは、そのためだった。

二十代から勤務した精神科病院に始まり、アルコール依存症にかかわり続けてきた私にとって、精神科医療はすぐ傍らの身近な世界でもあった。その過程で多くの精神科医との知己も得たが、彼らの多くは風変わりで、ときには暴君といえる人たちだった。

他の世界を知らなければ、今ある世界がふつうなのだと思い、それに慣れていく。ときどき医療機関で仕事をしている人に出会うと、この人にとって医療とは空気のようなものなのだと思わされる。当時の私も同じだった。医療機関から表向き独立したカウンセリング機関に所属しながら、それ以外の世界を知らなかったために、二人の精神科医の傘の下を出ようなどと考えることもなかったのである。

表向きの独立と、どっぷり精神科医療に取り込まれていた実質のギャップを半ば自覚しつつ、そのことに、私はどこか安心感を抱いていたのかもしれない。

クライエント数の増減に一喜一憂する事務長の仕事を垣間見るにつけ、経営するということがどれほど大変かを日々私は感じ取っていた。同僚と「あんな苦労だけはしたくないわね」とおしゃべりしながら、原宿駅まで帰ったことを思い出す。お金の出入りに汲々とするくらいなら、どれほど安くても給与をもらう立場のほうがずっとましだと思っていた。カウンセリングの予約数がどうであろうと、予定表が埋まっていなくても、私は不安になることはなかった。とにかく臨床の勉強ができればいい、それだけで満足だ、そう考えるようにしていた。

待合室でクライエントが過呼吸発作を起こしたり、不安定になることはめずらしくなかったが、同じビルにクリニックがあったので安心だった。いざとなればクリニックに連れて行くこともできたし、ときには医師が出張してくれることもあった。クリニックで医師に注射を打ってもらい、少し落ち着いたクライエントが戻ってきてカウンセリングを続行するということもあった。

外部の人が見たら、あのカウンセリング機関はクリニックの付属だと思っただろう。勤務していた私は独立していると考えていたが、あのような安心感はクリニックへの依存によってもたらされたのであり、それこそが医療の傘の下にあることを表していた。

エクス・メドへの楽観的な第一歩

詳細は省くが、八人のスタッフ全員が突然そのカウンセリング機関を辞めざるを得なくなり、彼女たちから懇願されて、私は新たに開業することを決断した。それは二人の精神科医との決別を意味した。彼らから見れば、私が「離反」したのであり、だからこそ排斥し、「叩き潰し」たいと願ったとしても不思議ではない。

あの決断は、今から思えば〝脱医療〟のそれだった。こんな英語があるかどうかわからないが、まさに ex-medicine（エクス・メド）と呼ぶにふさわしい。

当時の私に展望があったわけではない。それはどこか二〇一一年三月十一日にテレビで見た津波の映像と似ている。仙台空港の滑走路に音もなく迫ってくる津波の黒い塊と、ひたすら逃げるしかない人々。少しでも高い場所を探して安全を確保しなければと、それだけを考えて移動する人々。

私たちも、とにかく一刻も早く新しい拠点を設立しなければならなかった。ひたひたと迫りくる時間の制限が、いっしょに脱出するスタッフたちの結束を固めた。

資金集め、場所探し、設計、有限会社設立……ありとあらゆる準備の責任は、すべて私の肩にかかることになった。あの三か月間、日常業務のカウンセリングを実施しながら、どのようにして膨大な準備を進めたのか、ほとんど記憶にない。

震災直後から避難所を出るまでの時間をどう過ごしたのか、多くの被災者は覚えていないと語るが、私のあのときの経験と重なって聞こえる。

「あんな苦労したくないわね」と語っていた私が、火中の栗を拾うかのように経営者にならざるを得なくなったのだ。しかしそれを慨嘆する暇などなかった。他に選択肢などなく、進むしかなかった。そのとき思いもかけない力が湧いてきた。

その力は根拠のない楽観性に支えられていたと思う。

私の頭の中には、「絶対うまくいく」という確信以外存在しなかった。のちに数えきれないほど襲ってきた苦労の数々を、当時の私の想像力は微塵もキャッチしてはいなかった。いや、しないようにしていたのかもしれない。スタッフの不安を聞くにつけ、「絶対うまくいくから大丈夫！」と胸を張り、「ええ？　うまくいく以外ないじゃない」と笑い飛ばしていたが、それは当時の私の正直な気持ちだった。

冷厳な数字の前で

それから今日に至るまでの数々の苦労は、エクス・メドに伴う必然的なものだといっていいだろう。私の仕事は根底から変わらざるを得なくなり、それは私の人生が変わることを意味した。精神科医療の外に出ること、すなわちエクス・メドとは、それほど大きなことだったのだ。なにより大きかったのは、二つの重い責任が生じたことだ。

まず第一に、経営責任がのしかかった。給与を支払い、昇給をし、保険料金を支払う立場になることで、スタッフの生活に対する責任を負った。そこには人事の調整も含まれる。私たちの収入源は、クライエントからのセッションフィーだけである。新来のクライエントの数が減れば、そしてカウンセリングの予約数が減れば、見る見る間に収入は減少する。部屋代と光熱費を払い、人件費を支払うだけの収入を確保するためには、セッション数がいくつ必要かを単純計算ですぐ出すことができる。

現在、スタッフ総数は十五名である。その人たちの生活がかかっているという責任をひしひしと感じながら、私は今でも仕事をしている。

一九九六年、私は生まれて初めて本を書いた。『アダルト・チルドレン完全理解』(三五館)である。すでに五十歳を迎えていた。よく知人から「遅咲きですね」といわれるが、年齢からみればそうだろう。しかし私を執筆に向かわせたのは、来談するクライエントを獲得しなければならないというせっぱ詰まった状況であった。私の頭の中には次のような図式があった。

クライエント数の確保・増加 → 収入の安定・増加
→ 経営安定 → 臨床的技量のアップに注ぐエネルギー増大

アダルト・チルドレン(AC)という言葉が一種の流行語になったことで、多くの潜在的クライエントを掘り起こすことができ、一時的に私たちの経営は安定した。それがまさにビギナーズ・ラックにすぎなかったことは、のちにわかる。その後も本をほぼ毎年出版してきたが、エクス・メドというあの大きな決断がなければ、私はこれほど多くの本を著すこともなかっただろう。

設立当初は、以前の職場から多くのクライエントが移ってきてくれたので、大きな助けになった。その人たちのことは、大げさに言えば一生忘れないだろう。ゼロからのスタートではなかったことは実にラッキーだった。

しかしながら、精神科医療は保険診療であり、患者として支払う料金はカウンセリングの場合の約十分の一で済む。料金だけ見ればとうてい対抗できないことは火を見るより明らかだ。ではいったいどうすればいいのか。ＡＣブームが去ったあとに陥った深刻な経営難のさなかに、私は心の中でこうつぶやいた。

「このまま倒産すれば、精神科医たちの思うつぼだ。意地でも立ち上がってやる！」

なんだか根性もののドラマのようなセリフだが、当時は（そして今でもときどき）一人でつぶやいていた。自意識過剰、被害者意識と言われればそのとおりだ。東京のどこかで、私たちのセンターが倒産することを願っている医師たちがいると思っていた。そうなったら彼らがどう発言するかまで想像できた。「あんなことして、無理に決まってたんだ。だいたい僕たちから離れてうまく行くはずがないんだ」と。

センターの存続はもちろん生活上必須であったが、それだけではなかった。精神科医療から独立できることの証明であり、臨床心理士としての存在証明であり、私の最低限のプライドがかかっていた。

私の肩に、もう一つの責任がのしかかった。

エクス・メドすなわち脱医療の援助論の構築である。それは、私自身とスタッフにとっての必須の責務であり、なにより来談するクライエントに対する責任でもあった。

医療では実現できない援助とは何か、その根拠はどこにあるかを言語化し、援助者のみならず多くのクライエントに対し説明可能にするということである。理論の構築だけでは不十分だ。それに基づいた臨床実践を行うことによって、初めて私たちのセンターのカウンセリングはクライエントに評価され、それが未来のクライエントにつながり、社会的評価を生むだろう。

「最後は精神科医が控えているから大丈夫」という安心感が撤去されたことは、私たちがクライエントへの全責任を負うことを意味する。もちろん広義のチーム性や連携はあるにしても、とりあえず原宿カウンセリングセンターにおけるカウンセリングの全責任はスタッフに、ひいては所長である私にある。突きつめていくと、これはけっこうな重さである。おそらく医師たちはこのような重さを職業倫理として、むしろ空気のような当たり前のこととして身に付けているのかもしれない。しかし、五十歳を過ぎた私にとってそれは重かった。この重さは、私に相当な負担を強いたのかもしれない。第2部の〈私〉の心臓の痛みは、こんな責任の重さとつながっていたのだろう。きっとそうだ。

借り物の言葉では動けない

この二つの、すなわちスタッフとクライエントへの責任は、前の職場では二人の精神科医によって担われていたのだが、それを一気に私一人が背負うことになった。エクス・メドがここまで過酷だったとは、と嘆いたことも何度かあったが、時すでに遅しであった。しかしながら、過酷ともいえる責任の重圧は、私に新たな援助論構築の動機を与え、医療現場とは異なる言葉で会話をするという原則を堅持させ、新たなクライエント層を掘り起こすために本を書くエネルギーを湧き上がらせることにもなった。

肩にずっしりかかる重さを自覚しながら、実はそれほど私はつらくはなかった。先人の足跡のない道を歩くような不安は、新しい道に足跡をつけ、道を切り拓く楽しみにもなる。本を書くには、なにより「自分で考えること」「言葉を自分の中に掻い潜らせること」をしなければならなかった。借り物の言葉では、一行も文章を書けなかった。

2 露悪のプライド

ある日突然カウンセリング予約がぱったりと止まったとしたら……。

おそらくその瞬間から私たちのセンターは、破綻に向けて滑り落ちていくだろう。いまだに私はそんな恐怖から自由になれないでいる。

しかし、その恐怖を抜きに、クライエントに対する私の姿勢を語ることはできない。

三時のあなた

講演先やマスメディアの人たちにこう言われることがある。

「講演で全国飛び回ってたいへんですね」

「その合間を縫って本を書いてらっしゃるんですか？」

何度も繰り返されてきたため今ではそれに答える気力も失せるほどだが、やはりちゃんと書いておこう。

私の日常業務は、原宿カウンセリングセンターに週四回勤務することである。多いときは、一日に八ケースほどの個人カウンセリングを実施し、曜日によってはさらに二時間のグループカウンセリングを二つ実施する。

九時過ぎまでの夜間のグループとカウンセリングを月二回、日曜出勤も月一回。こうしてウィークデイの昼間に来られないクライエントにも対応している。年齢不相応な働きぶりには、書きながらため息が出るほどだ。

その合間を縫って講演に出掛けるので、日曜はほぼすべて講演や学会関連の理事会で潰れてしまう。したがって原稿を書く作業はほとんど深夜にずれ込み、しらじらと夜が明けるころに、原稿を添付した編集者宛てのメール送信ボタンを押すことになる。ある知人は、メール送信時刻から私のことを「三時のあなた」と呼ぶ。

客集め？　そのとおり

そこまで働くのはいったい何のためかと聞かれれば、こう答えるだろう。

いちばん大きな理由は、センターという会社組織が維持されるためだ。スタッフ十五名の生活のすべては私にかかっているという責任意識は、開設以来、片時も頭から離れたことはない。全員に賞与を支払い、社会保険を完備し、可能であれば毎年昇給すること。そのために弱小企業では、社長がいちばんよく働くものと決まっている。

しばしば言われる「クライエントのニーズに応えるために」という決まり文句は、表向きの理由にすぎない。なによりもまず、クライエントが訪れなければニーズに応えようもないし、経済的基盤は容易に崩れてしまう。

どれだけセンターのあの狭い部屋の中で一生懸命カウンセリングの質を上げたとしても、クライエントがただちに増えるわけではない。徐々に評判が上がることはあるだろうが、その前に経営破綻をきたすことは明白だ。じっとクライエントを待っているのではなく、積極的にセンターの外に打って出ることが必要だった。

そのため一九九五年の設立当初は、どのような講演依頼もすべて引き受けた。センターの名前が聴衆の記憶に残ることを願い、その人たちの中からカウンセリングを予約する人が出てくることを期待した。講演の終わりにはホワイトボードにセンターの電話番号を大きく書くのが常だった。

マスメディアへの露出もいとわなかったのは、私個人ではなくセンターの知名度を上げるためだった。テレビ出演は、所属名をテロップで流すことを条件に承諾した。

幸いにも機会を与えられて今日まで多くの本を出版することができたが、必死で本を書いてきたモチベーションの多くは、センターの存在を知らしめることでカウンセリングのニーズを掘り起し、未来のクライエントを獲得するためだ。著書の出版はセンターの社会的認知度を上げ、公的機関や医療機関からの社会的信頼を勝ち得ることにつながった。精神科医からコンスタントに紹介があることは、センター運営にとって大きな安心材料となっている。

屈折の理由

「じゃ、お金のためなんですか？」

「要は客集めなんですね？」

そう聞かれれば、私は胸を張って答えるだろう。

「イエス」と。

このような発言が誤解を招きかねないことは知っている。これまでに周囲から何度もたしなめられ、注意を受けてきた。ネット上でも「信田さんはけっきょくお金のためなんだ」などといった発言を目にすることもある。それでもあえて露悪的とも思える表現を用いるには理由がある。

国家資格でもない臨床心理士による開業心理相談機関が、二十年間も生き残ってくるのは至難の技だった。これからもいばらの道が続くことは間違いない。おそらく医療機関という保険制度に守られたシステムの中で仕事をする人には想像もできない厳しさなのだ。

多くの精神科クリニックが、一人あたりの患者さんに割く時間の目安を決めているといわれる。それほど多くの患者さんが受診すること自体うらやましくもあるが、精神科医たちはわざわざ「お金のため」などとは言わない。受診する側も、クリニックの治療内容が充実していれば、経済原則を前提としていることにそれほど抵抗感を抱かない。医療経済学という領域が存在するように、医療においては治療行為の裏側に冷徹な経済原則が秘められており、それが社会的に承認されているのだ。

私の発言が批判的にとらえられたとすれば、それは、従来は精神科医しか存在しなかった領域に参入した新参者である証明なのかもしれない。これまで開業という言葉は、ほとんどが医療機関のことを想定していた。業種として市民権を獲得していないために、どこかボランティア的な善意を期待されており、お金という言葉とはそぐわないと考えられているせいかもしれない。

このような状況に切り込んでいくために、私はあえて「お金のため」という露悪的な表現を用いてきた。そこには屈折したわずかのプライドがこめられている。

6 私は疲れない

1 秘密の蜂の小部屋

カウンセラーをしていますと言うと、心を見透かされるかもしれないといった妙な誤解をされることがある。最近は逆に、「心理学なんて」という軽蔑の混じった視線を投げかけられることも少なくない。カウンセリングは絆創膏のようなものだと思われている。つまり壊れそうな家族や人間関係を「修繕」し、元どおりの生活に戻すようにする、もしくは心の悩みを「ほっこり」と癒してあげる、それが役割だと。あるいはそのようにカウンセラーはなんでも自分の心の問題に還元してしまい、社会的な問題を隠蔽してしまうから、現状追認的であると決めつけられたりもする。

そんな反応には慣れっこだが、三十年以上もバーンアウトせずにカウンセラーを続けてこられたという事実をあらためて振り返ってみたい。自分なりに何か工夫をしてきたのだろうか、秘訣があったのだろうか。これまで確認したこともなかったので、最後にその点について考えてみることにする。

ハードなお仕事ですからね……

年の瀬も間近になってくると、友人や知人、仕事仲間から「お体大丈夫ですか、体が資本ですからね、健康には留意してください」などと声をかけられることが増えた。そう言いながら仕事の依頼をするって何なんだろうと疑問を抱きつつ、首を縦に振る私も私である。

この本にとりかかったのはそもそも、私が心臓カテーテル手術をしたことがきっかけだった。口では気弱なことを言っていてもけっこう体力には自信があった私にとって、あの出来事はやはりショックだった。それ以来四年近く経った今も、体に一つ爆弾を抱えているような意識は変わらない。

おしゃべりな私は、心臓カテーテルの経験を会う人ごとにペラペラと語ったのだが、「やっぱりね〜」という反応が多かったことに驚いた。その人たちは続けてこう言った。

「ハードなお仕事ですからね……」

「精神的にきついお仕事をずっと続けていらっしゃったんだから無理ないですよ」

彼ら彼女たちの心から心配そうな顔を見ながら、ああ、私はほんとうにきつい仕事をしてきたんだ、と甘美な自己憐憫に浸ることもあった。

事実、この十年を振り返っても、児童虐待やトラウマ治療にかかわる援助者たちが次々と早逝していった。彼ら彼女たちが生きていれば、と思ったことは何度もある。なぜその人たちがこの世を去ったのかと考えるたびに、「ハードな仕事だったから」と、私も同じような推測をしてしまうのだが、実は正直言って、私にとってカウンセリングがそれほどハードできつい仕事だという実感はないのである。

燃え尽きないための秘策？

おそらく、一般的なカウンセリングに対するイメージは、「心の悩み」を抱えた人が訪れるというものだろう。それは、カウンセリングの対象者のごく一部にしかすぎない。このことはすでに何度も触れてきたので繰り返さない。

だから皆が私に言ってくれる「ハードなお仕事」という表現には、悩みや困りごとといった表現を超える、もっと壮絶な出来事という含みがあるのだろう。たとえばＤＶ、虐待、性暴力にまつわる加害・被害経験などは、悩み、困っている、といったソフトな表現に落とし込まれる以前の生々しい出来事である。心理的もしくは精神病理的だと判断される以前の体験と言えるかもしれない。それを聞き続けることはとてもハードできつい仕事なのだ。そうとらえられているからこそ、私をいたわり、気遣ってくださるのだろう。

講演に行く先々の主催者も、全国各地で私の講演を聞いてくださった人たちも、同じ質問を私に投げかける。

「信田さん自身はどうやってご自分を癒しているんでしょう？」

「ストレス発散はどうしてるんですか？」

「ご自分が燃え尽きないための秘訣があるんですか？」

「自分がいくつありますか」

キャラという言葉が定着して久しいが、もともと私は大学院生のころから、多様な役割、多様なキャラを身に付けるように努めてきた。六〇年代末にしては斬新な「ほんとうの私なんてない」「真の自己より着脱可能な自己を」といった言葉が飛び交う研究室だったことも大きかった。

それが当時どれほど革新的で少数派だったかは、心理学系の学会に行くたびに痛感させられた。「意味不明」「わけがわからない」という反応は当たり前だったことを思い出す。その中を敢然として主張を曲げず、妥協しなかった恩師松村康平先生を、私は今でも心から尊敬している。

「共感なんかできませんよ。人の気持ちなんかわかりません」

「自分がいくつありますか。多ければ多いほど、豊かなんですよ」

これらの先生の言葉は、私のカウンセリングの土台を形成している。今日までヘタることもなくなんとかカウンセラーを続けてこられたことの多くは松村先生に負っているといっていい。

増減可能なハニカム構造

すでに書いたように、私はさまざまなことを映像的に思い浮かべながら考えることが多い。日常的に思い描いている「私の世界」は、バーティカル（垂直）ではなく、ホリゾンタル（水平）に広がっている。バーティカルにとらえると、上からの重量が下にかかることで抑圧が生まれる。「上下」の関係は「強弱」へとつながる。浅いところと深いところに分かれることによって、深層（＝真相）を探ろうする試みも生まれる。このようにバーティカルであることは力の差異や価値判断につながっていくが、ホリゾンタルはそうではない。上から下へと縦に伸びる世界ではなく、ひたすら横に広がっている。それは水平線上に無限に連なっているというより、私の場合、もっと具体的な映像を伴っている。

スズメバチの巣を駆除するテレビ番組を見たことがある。厳重な防護マスクをつけて慎重に取り外したのち、円柱状の巣を横半分に切断すると、断面にはくっきりと正六角形のハニカム（蜂の部屋）が連なっている。その形状が、私の世界をイメージする際にいちばんぴったりくるのだ。なぜ正六角形のハニカムが連なっている蜂の巣と、私の世界の仕組みとが似ているのだろう。

私のアイデンティティは第一義的にはカウンセラーであることは間違いない。収入の大半をそれによって得ているのだから。さらに原宿カウンセリングセンターという有限会社の経営者であり人事担当者でもある。臨床心理士として職能団体の理事や学会関連の役割も負っており、さらに多くの媒体に原稿を執筆している。講演や研修にも出掛けるし、プライベートな生活もある。

これら私という個人の生活すべてを構成しているそれぞれが、正六角形の蜂の部屋であるように思えるのだ。隔壁によって部屋ごとに疎隔されているのではなく、全部が微妙に浸透しあっている。

正六角形の部屋の数は少しずつ増えていく。仕事内容が広がったり、連載する媒体が増加するにつれて新しい部屋が誕生するが、過去の仕事や著作の部屋はそのまま部屋に保存されており、部屋を訪れ、扉（ファイル）を開けばいつでも引き出すことができる。

加工を施してファイリングする

カウンセリングの場面でクライエントの話を聞くときも同じだ。たとえば、幼少時の性虐待の記憶が想起された女性の語りを聞きながら、彼女の記憶を新たな部屋に保存するのだ。

ちゃんと保存するためには、パソコンの文書保存と同様、一定の形式と手順が不可欠である。混沌として、言語化されず不整合のままでは保存はできない。保存とは、それを開くことで再現・再生可能であることを意味する。

つまりクライエントの語りは、蜂の部屋に保存できるような形で、そして私がそこから再びその語りを引き出せるような形で聞き取られることになる。語りはそのまま録音されるのではなく、私によるあ

る種の加工が加えられている。細部は捨象され、主要な部分が文節化されつなげられていく。こうして文脈化され構造化されるという加工が、クライエントにとって「聞かれる」ということであり、私が「聞く」ということなのだ。

それはどこか読書と似てはいないだろうか。

深く本の世界に没入しても、読み終わればその本について語ることができる。このように読書経験が他者に伝達可能であるように、私はクライエントの語った内容を正六角形の蜂の部屋に保存し、必要に応じて再生・再現する。請われれば即座に、細部や固有名詞を変更したうえで、これまで会ったクライエントについて説明・伝達することもできる。次回のカウンセリングのためにもこれは必要不可欠でもある。

そしてクライエントは、私という聞き手による加工を選んだのである。一枚の布をどのように裁断するかと同じく、クライエントの語りをどのように加工するか——それについて、クライエントからの信頼が付託されているという自覚を私は忘れたことはない。クライエントの話に真摯に耳を傾ける作業、すなわち傾聴とは、このようなプロセスを指しているのではないだろうか。だから、クライエントのありのままを聞く、などというセリフはどれほど不遜なことだろう。

人格の一貫性だと？

夕方近くなると疲れてくることもある。そんなとき私は、健康診断で肺活量を計測する場面を思い浮かべる。「はい、いっぱい吸って～、もっと吸って～」と言われるあの検査だ。クライエントの話を聞きながら、自分自身に言い聞かせる。「吸って、もっと吸って～」と。エネルギーを振り絞り、語られる内容をどんどん吸い取り、部屋数を増やしてそこに保存する。

蜂の部屋は、一日カウンセリングを終えるごとに、クライエントの数が増すにつれどんどん増えていく。もちろんここには書けないが、クライエントに対する私からのフィードバック、感想や提言も含めて当のクライエントの部屋に保存される。

クライエントごとに別の部屋に行き別のファイルを開く必要があるので、おのずと切り替えができ、それがほぼ無自覚なまでに定着しているようだ。そして、次回のカウンセリングでは蜂の部屋の保存ファイルを開ければすぐに再現できるという安心感が、私の意識を区切らせる。

だから、びっしり詰まったカウンセリングの予定を終えてセンターを慌てて飛び出し、夜の原宿の街を歩いているときに、つい先ほど終わったばかりのカウンセリングの内容を思い出すことはない。思い出さないようにしているわけでもなく、スイッチが切り替わり別のモードが作動する。それはキャラの変更、あるいはログオフ後に別のパソコンを起動させるのに似ている。

瞬間的に切り替わることは、何かを忘れるわけでもなく、軽視するわけでもない。もしそうすることをためらい、切り替えることに罪悪感を抱くとすれば、それはおそらく人格というものの連続性・一貫性に価値を置いているからではないだろうか。私が日常的に行っていることは、そのような同一性、変わらなさに対する価値の対極に位置している。

2　基準がなければ燃え尽きない

経験したから、わからない

一般的に、燃え尽き（バーンアウト）は、次のように説明される。

「期待と現実の狭間で生じるさまざまな矛盾が慢性的に持続した結果生じる、身体的・情緒的・精神的疲弊」

「人を援助する過程で心的エネルギーが絶えず過度に要求された結果引き起こされる、極度の心身の疲労と感情の枯渇を主とする症候群。自己卑下、仕事嫌悪、思いやりの喪失を伴う」

いずれも、過度・極度な何かを前提としているが、そもそも何かを基準にしなければ燃え尽きは生じない。したがって、できるだけ基準をつくらないのが燃え尽きないコツだといえる。私は、蜂の部屋（ハニカム）の数をどんどん増やせばいいだけだ、とどこかで考えている。そうすれば基準もなくなり、限界もなくなり、燃え尽きることもなくなる。

基準の一つが「個人的経験」である。

たとえば、性被害経験を持つ人がそれを克服して援助者になる例をとろう。自分が経験しているから他者の被害を「わかってあげられる」と思うことに異論をはさむ人は少ない。東日本大震災後には、被災地にいない人には苦しみがわからないといった言説が流布したが、同じことである。

カウンセラーとして、そのような個人的経験は、むしろ障壁になるほうが多いと私は考えている。クライエントの語りを聞きながら、私はこうだったという基準が作動したり、自分の経験が思い出されたりすることで、語りに対する加工が滞りファイルに保存しにくくなる。自らの個人的体験とクライエントの語る内容とが激しく同調したり、反対に拒否感が生じることもある。

これらはいずれも強固な基準が作動しているからであり、結果的に燃え尽きることにつながってしまう。

「すべて」を疑う、真剣勝負で

もう一つの基準は、まるで空気のように社会に瀰漫している「常識」である。なかでも家族や人間関係に関する常識は、テレビや本、日常会話に紛れ込んで私たちの生活の隅々にまでいきわたっている。

震災後に連呼された「絆」や、家族・親子にまつわる美しい物語は、強固な基準を構成しながら社会の秩序を維持する機能を果たしている。母親との関係について精神科医やカウンセラーに語ったところ、

「それは考えすぎでしょう」「お母さんのことも少しは理解しなければ」と言われたと語るクライエントはとても多い。

カウンセラーは、それらの常識をすべて疑わなければならない。そうしなければ、クライエントの語る言葉を蜂の部屋にファイリングすることはできない。

江戸時代の有名な剣士が真剣勝負の際に、剣を握りながら無心に目をつむっていたという逸話を思い出す。私も、それに似た構えでクライエントの前に座る。

「どんなことをあなたが語ろうと、どんな感情を抱いていようと、私は決して驚いたり、断罪したり、批判したりはしませんよ」

口には出さないが、私はそう考えている。無心になるというより、基準を撤去して、なんでもありだと思いながら話を聞くのだ。目の前のクライエントが昨晩親を殺害したと語ったとしても、表情も変えず「きのう大雪が降りました」と同じ反応で聞くだろう。

クライエントの多くは社会の基準を必要以上に取り入れているからこそ、自責感に満ちて苦しく、その反動である怒りや不安、緊張にさいなまされている。そこからの離脱を促進するためなら、オーバーに憤慨したり驚いたりすることもいとわない。ときにはクライエントの語れなかった感情を言語化したりする。私がしばしばカウンセラーらしくないと言われるのは、そのような表現の過剰さゆえかもしれない。

基準を撤去するとは、やみくもに無視することではない。単に非常識なことを主張すればいいわけでもない。常識を成立させてきた背景と歴史を知り、それを超えるだけの知識と展望を持つことである。このことを抽象的で学問的な言語ではなく、目の前の人に役立つ生活の言葉として伝達するのである。

〝はったり〟という名の希望

最後に伝えたいのは、燃え尽きないためには「希望」が必要だということだ。どこかベタな言葉であるが、ハニカム構造の蜂の部屋が平面上に増殖し、ファイルをたくさん抱え込めるようになることだけでは不十分なのだ。

蜂の部屋がホリゾンタル（水平）に、つまり空間的に広がっていることによって、時間軸はいったん保留にされる。そこには過去も未来もなく、現在に限定される。しかし、私という存在が未来に向かって前のめりに生き続けている以上、現在のハニカム構造全体は未来を志向する時間軸の上にある。実は、そのことこそが希望ではないだろうか。

カウンセリングでも終了間際には、時計の針を未来に向けて回すことが求められる。今日、そして明日、ときには遠い未来に向けて希望を抱けることが、どうしても必要なのである。

しばしばクライエントから切望されるのは、カウンセラーである私から希望を与えてもらうこと、希望を供給されることである。直接語られるわけではないが、視線や表情が私にそう語りかける。

もちろんカウンセリングにおいて、肯定的未来や一年後を想定するといった技法はある。また端的に効果を生むのは、教祖的で断定的な物言いである。これは残念ながら事実である。宗教と抵触するためカウンセリングにおいてそれはタブーであることは述べてきたが、効果優先のために、そんな〝はったり〟が必要になることがある。謙虚さの対極である大風呂敷を広げることが求められるときもあるのだ。

実際の身の丈より二センチくらいサバを読むのなら――十センチだと詐欺になるが――、わずかのフライングで済むだろう。未来は誰にもわからないが、少しだけわかったふりをする。

「大丈夫ですよ」

「きっとそうなると思います」

「なんだか、うまくいくような気がするんです」

そう語ることで、クライエントに希望を与えるのである。不思議なことに、そう語ることで私もその気になってくる。自己暗示と言ってしまえば簡単だが、未踏の地に一歩踏み出して宣言をすることで、現実が開けてくるような気がする。

この無根拠な希望、はったりにすぎない予言は、私の私生活においても応用されつつある。あるときから、「私は多くの人から好かれている」「仕事はうまくいくに決まっている」といった法外な楽天性に身を任せるようになったのは、カウンセリングにおける希望の供給を自分に対しても実行しているからかもしれない。それなくしてセンターを運営し続けることもまた不可能だったと今にして思う。

＊＊＊

　ここまで書いてきたことを振り返ると，どれもこれもけっこう強固で明確な，どこか無理やりな意志的行為に思えてくる。

「それほどきつくないです」「おもしろいですよ」と繰り返してきたが，燃え尽きないためにここまで必要だったと言えなくもない。カウンセリングは，私にとってやっぱりハードな仕事だったのかもしれない。

第2部

カウンセラーは見た！

密やかな愉しみ

五時半に最後のクライエントのカウンセリングが終わった。それほど疲れを感じないのは、体力がついたせいなのか、それとも疲労を感じる脳の中枢が還暦を過ぎて退化したせいだろうか。

部屋を出るクライエントの後をついて、受付の窓口に行く。そこには事務長がでんと控えている。カウンセリング終了後はここで料金を支払ってもらい、必要なら次回の予約をとることになる。カウンセラーとして三十年以上も働いているが、私はずっと事務長にまかせずに、自分でクライエントから料金を受け取るように努めている。

明るい声でクライエントのシンヤさんに言う。

「次回までの宿題、忘れずにね」

もちろん笑顔も忘れない。どんなに疲れていても、どんなにつらいことがあったとしても、その笑顔は絶やしてはならない。これがプロとアマの違いなんだから、と私はいつも自分に言い聞かせてきた。

たぶんアルバイトのお金を貯めたものだろう。三十一歳のシンヤさんは上着のポケットから銀行のATMに備え付けられている紙袋を取り出した。袋がしわになっているせいで、その中に一枚だけ入っている一万円札を取り出すのにひどく手間取っていたが、ようやく革製の現金受け渡し用の皿に、取り出したばかりのお札をそっと載せた。

いつも不思議に思う。多くのクライエントはなぜおずおずとお金を出すのだろう。お金をもらうほうがへりくだるはずなのに、カウンセリングを受けたクライエントのほうが腰を折るようにしてお金を払う。

「どうもすみません、お願いですからお金を受け取っていただけますか？」とでも言うように。

私はおもむろに両手を出して、皿ごと一万円札を受け取る。

「ありがとうございました！」

はっきりとお礼を言って、ていねいに頭を下げた。


アメリカやヨーロッパではもっと堂々としているのだろうなあ。カウンセラーは正当な対価としてお金をもらうのだしクライエントはそのお金でカウンセラーを一時間独占するという契約なのだから。クライエントから窓口でお金をもらうたびに、毎回私はそんな想像をする。

それにしても、だ。あの精神科医たちはいったい何なんだろう。患者からこうやって直接お札をもらったことがないから、あんなに尊大で無神経な態度をとるんじゃないだろうか……。

思わず靴のかかとで床を蹴ったところで我に返った。

いけないいけない。精神科医に八つ当たりしたって仕方ない。血圧が上がるだけで損するのは自分なのだ。私はクールダウンしながら、ロッカーの扉を開け、帰り支度を始めた。

狭いスタッフルームでは、同僚たちがいつものように三々五々話し合っている。女性だけの職場だから開けっぴろげだ。もうすぐ六時だというのに、スタッフ同士で打ち合わせる声や苦情の報告が飛び交っている。話しながら同時進行で、どっさり積まれたクライエントからのいただきもののチョコやおせんべいを食べている。

横目でそんな光景を見ながら、私はもう上の空である。

みなさん熱心ですね。わたくしは一足先に失礼いたします、だってこれからうんと楽しいことが待ってるんですから……。聞こえないようにこうつぶやいたあとで、大きな声で挨拶した。

「おつかれさま〜、お先に〜」

上着を羽織りながらドアを開け、風のようにエレベーターに乗った。これから、唯一の楽しみである水泳とサウナが待っているのだ。


もともと私は歩くことも走ることも大嫌いだった。寒い季節にスキーに行ったり、息切ればかりの登山などに熱中する人の気が知れないと思っている。ましてや水泳は筋金入りのカナヅチだった。ところが還暦にもうすぐ手が届きそうになって、一念発起して水泳を一から習いはじめた。理由はいろいろあったが、北京オリンピックの平泳ぎ決勝で北島康介が優勝した瞬間をテレビで見ながら、突然、カナヅチのままでは往生できないような気がしたのだ。

水泳を始めれば、「信田さん、偉いわねぇ、さすがよね」と褒めてくれるだろう人の顔がいくつも思い浮かんだ。そしてなにより、いつも「ママったら運動音痴なんだから」とあきらめ顔で文句を言う娘の真衣に、今度こそ威張ってやれると思った。

人前では元気だし、なにしろ話すことが職業なのでおしゃべり好きと思われているが、暇があれば横になって本を読むことだけが私の趣味だ。まるで引きこもりのおばさんである。それがある日突然、水着とゴーグルを買い、写真入りの水泳読本を買ってきた。真衣は目を丸くして言った。

「どうしたの？　いったい何があったの」

それは驚嘆というより、訝《いぶか》しむ目つきだった。

「何歳になっても水泳はできるっていうからね、目指せマスターズ！」

勝ち誇ったように、私は言った。

水泳のプライベートレッスンのコーチは、とにかく美人だった。最初に会ったときはモデルかと思い、ドキドキして目を見つめることもできなかった。おまけに見事なプロポーションで、毎回水着を換えてさっそうとプールに登場する。

そのジムは芸能人の会員も多いが、プールの脇に立つと彼女は抜群に目立った。そんなコーチに付くのは、まぎれもなく不幸だ。お腹の出たおばさんが、美人の傍らで無様な水着姿をさらさなければならないのだから。でもそんなことはどうでもよかった。レッスンなんか受けなくても、プール脇のサンデッキに座ってずっと彼女の動きを見ているだけで十分だと思えた。

ところが彼女は、いざ水泳を教えはじめると、まるで鬼のように厳しかった。

「ぶくぶくー、パッ」「ぶくぶくー、パッ」

プール中に響き渡るような大声で、息継ぎの練習をさせられた。その後も容赦なく、満足なフォームで手と足が動くまで何度も繰り返させられる。いったい私を何歳と思っているのだろうか。手加減をしてもらうために、運転免許証を見せようかと思ったほどだ。

コーチが眉を片方だけ吊り上げた表情は、美しいぶんだけ凄みがある。ときにはぞっとするほど恐しく、レッスンを受けた夜はふとんに入ってから瞼にその顔が浮かんできたこともあった。何度やってもバタ足の速度が上がらないときなど、コーチは眉を吊り上げながら叫んだ。

「よ〜く見てから、真似をしてください！」

そして小麦色の長い足を、蒸気機関車の車輪の連結棒のように盛大に上下させながらお手本を示す。その美しい体はロケットのように進むのに、なぜか音は静かで水もはねない。真似をするつもりで緊張しながらバタ足を続けるのだが、進むどころか私の体はみじめに沈んでいくのだった。天と地ほどの落差にひれ伏したくなる。

ところが、衆人環視の中で「はい、もう一度！」と厳しくダメ押しをされるのが、あるときから不思議と嫌ではなくなった。頭がふらふらし、息は切れ、ぜいぜいと肩で息をしているのだから苦しいはずなのに、どこか気持ちよく感じられた。まるで頭蓋骨後頭部の蓋がカパッと開き、酸素が欠乏した脳に涼やかな風がスースーと吹き込んでくるような感覚だ。息切れしている自分に、もう十分やった、よくがんばった、という証を与えてくれるような気分が訪れた。

最後の五分間だけは、いつもコーチは優しかった。

「はい、力を抜いて〜」

言葉どおり仰向けになってコーチの手に身を任せると、ぽっかりと浮いた私の背中を支えながらプールを往復させてくれる。クールダウンのためのサービスなのだが、まるで女神の手のひらでたゆたうかのようだ。薄目を開けてコーチの顔をそっと見上げると、すぐ近くに形のいい鼻の孔が見えた。

鬼から女神へと両極のあいだで翻弄されながら、プライベートレッスンの三十分間は終わる。

息切れは気持ちいい

いくら一念発起したとはいえ、たいして上達もしないのに四年間もレッスンを続けられたのはなぜだろうと、ときどき理由を考えた。

予想どおり友人たちは、「ほんとに偉い、その年齢から水泳を始めるなんて」「クロールができるようになったの！　すご～い」と口をそろえて褒めたたえた。そんな「報酬効果」も継続の動機になっただろう。娘の真衣は、プールから戻ってサウナで顔がつるつるしている私に向かって「ママ、けっこうやるじゃん」と褒めるようになった。私から「コーチが厳しくってさ」と愚痴を聞かされていたので、半年ももたないだろうとタカをくくっていたのだ。そんな真衣の目に浮かぶ尊敬の気配も、継続を支えたに違いない。もちろん「女神ときどき鬼」の美人コーチの存在も大きかった。美しさに理由なんかいらない、というのが私の持論である。どれだけ厳しくても、眉を吊り上げようと、あの顔と水着姿を見るとすべてを許すことができた。

これまで友人からは「信田さんは絶対Sよね～」と言われてきたし、自分でもそう信じていたのだが、水泳を習いはじめて自分にM的素質があることを初めて発見したのだ。新たな自分を発見した私は、悪い気はしなかった。カウンセリングの効果の一つが「新たな自分の発見」だとすれば、水泳にはカウンセリング的効果もあるのかもしれない。

しかしながら、継続を支えたいちばん大きなものは、たぶんあの息切れとともに訪れる感覚だと思う。水泳のレッスンは最初から最後まで息切れの連続だった。それだけではない。そのあとにもっと大きな息切れが待っていた。

ふらふら、よろよろしながらプールを上がり、コーチにおじぎをすると一目散にサウナに直行する。

ジムのお風呂はなかなか快適だ。お湯の温度、浴槽の広さ、すべてが計算しつくされている。バブル全盛期に完成しただけあって、二十年近く経っても古びていない。摂氏九十度に設定されたサウナルームは、混んでいるときは十人ほどの女性でぎっしりになる。老いも若きもバスタオルを体に巻いてひたすら熱さに耐える。

私はいつも目をつむりながら他の女性のサウナトークに耳を澄ましている。カウンセリングでは絶対に聞けない話が、ただで聞けるのだ。夫の話、子どものお受験の話、旅行の話、会社の愚痴……。「ふつう」の人たちの生活を垣間見る貴重な機会だ。

そのうちに少しずつ汗が出てくる。腕に噴き出た汗が大きな水滴になるまでを、私は一回のサウナの目安にしている。平均して十二分かかるのだが、体調によって汗の出方が違う。サウナ、水ぶろ、サウナ、水ぶろ、シャンプー、サウナ、水ぶろを繰り返すと、ちょうど一時間になる。

いったいどれだけ汗が出たのかわからなくなるほど、大量の水分が体から放出されてぐったりとする。ときには水風呂から上がるときに頭がくらっとする。熱くてたまらないときは呼吸も苦しくなる。もう限界だとギブアップしてサウナからあがるまでの一時間は、ぎりぎりまで自分が追い込まれる濃密で特別な時が流れている気がした。

限界まで到達した脱水と、ふらふらになるまでの息切れは、このうえない爽快感と達成感をもたらした。すべての毒を出し切ったような、体中の血管が開き切ったかのような脱力感は、しつこい肩こりを一瞬だけど忘れさせてくれる。運動嫌いの私にとって息切れは、これまで忌避すべき、苦しいだけの感覚だった。水泳とサウナがセットになることで、それがどれほど気持ちいいものかを還暦を過ぎて初めて知ったのだ。

会員になっているジムに行くには、大きな通りを横断し、細い坂道をのぼり切るまで十分ほど歩かなければならない。

東京でいちばんおしゃれなエリアだが、住宅街の中を縫うように伸びるその道は薄暗く、くねくねと曲がっている。その先には巨大なタワーマンションが立ちふさがるようそびえ立っている。きらきらと輝く光の柱の向かって左隣りに、二十年前には近隣でいちばんモダンだった半円形の九階建てのビルがある。その四階が目指すジムの場所である。

夕暮れの坂道をのぼる息切れも、いつのまにか水泳やサウナと同様に身近なものになっていた。わずかな苦しさが、心地よさと満足感を与えるのだった。はずみに乗って、ときには自分よりずっと若い男性をわざと早足で追い越してみたりもした。

いつのまにか、坂をのぼりながら「サウナ、サウナ」と掛け声をかけるのが習慣になった。急な坂道をそう唱えながら早足で一気にのぼると、よりいっそう息切れが激しくなり、そのぶんどこか満たされた気持ちになった。体が満たされるのか、心が満たされるのか。その分かちがたい感覚がいっそう気持ちよかった。これがランナーズハイなのだろうか、と自分を観察しながら、ヘンなおばさんと思われてもかまわないとばかりに、掛け声をかけて坂をのぼった。

ところがその日は違った。

坂をのぼりはじめたばかりなのに、こころなしかいつもより息切れがひどい。三月末のせいか空気は生暖かい。気をとりなおしていつものように「サウナ、サウナ」と掛け声をかけて夕闇の中を歩きはじめたのだが、坂道の途中で突然左胸に違和感を覚えた。

今までに経験のない感覚だ。ギュッと締め付けられるように、心臓のあたりが一瞬わしづかみにされた。どうしたんだろう。思わず立ち止まった。

その瞬間、それはふっと嘘のように消えた。

初めて味わう感覚は、どう表現していいのか、どう名付けていいのかわからないものだ。そのときの私も、それを痛みと名付けたわけではなく、まして重大な出来事だとは想像もしていなかった。

立ち止まったまま息を深く吸い、呼吸を整えながら、夕暮れの闇に沈みはじめた周囲の光景をゆっくりと眺めると、坂道に沿った歩道の左側には八分咲きの桜が枝を伸ばして垂れていた。右側には宝飾デザインの専門学校の風変りな校舎が見えた。

街灯の少ない歩道に浮かぶその光景は、私が心臓の痛みを初めて感じた瞬間の記憶として、のちに何度も思い出すことになった。

入院初日　3月26日（金）

無音劇場

「今度新しく入院される信田さんです。よろしくお願いします」

担当の女性スタッフが病室の入口に立ち、明るい声で挨拶した。たぶん患者が新しく入院するときのしきたりなのだろう。

午前十時近いというのに、カーテンは閉じられたままである。私は小さな声で「よろしくお願いします」と言い、見えない相手に向かっておじぎをした。返事はおろか身じろぎの気配すらうかがえなかった。

カーテンを開け放てば病室のすべては見通せるだろうし、窓の外の景色も見えるはずだ。しかし室内は天井から吊るされた四枚のクリーム色の布できっちりと四分割されている。よく見ると足の部分と天井近くは網状になっており、床に立つ足だけは見える。姿は隠れていても音は聞こえてくるし、足の数からベッドサイドに何人いるかが把握できるようになっている。

私はシーンとした病室を観察しながら、これはまるで想像力を掻き立ててくれといわんばかりの仕掛けだと思った。

H医療センターの入院予約時に、医師から個室か四人部屋かを問われたとき、迷わず四人部屋を選んだ。

お金がもったいないのがいちばんの理由だったが、一人でぼんやり横になっているより、大部屋で患者仲間がいたほうがずっと楽しいことをよく知っていたからだ。

私には二回の入院経験がある。二人の子どもをいずれも帝王切開で出産したので、それぞれ十日間入院した。個室の入院だったので、家族が面会に来ないときはひどく寂しかった記憶がある。そのとき床頭台に置いたラジオからイヤホン越しに聞こえてきたのが、デビュー直後のオフコースの「さよなら」だった。一九七四年のことなのに、今でもはっきりと覚えている。

ふだんの楽天的な話しぶりからは想像できないだろうが、過去に夫と二人の子ども、つまり家族全員が別々の時期に命の危険にさらされるような事態に遭遇し、長期にわたり入院をした。そのつど毎日のように病院に通ったので、実は入院生活のベテランといってもいい。

娘の真衣の一か月の入院経験は鮮烈な記憶となって今も残っている。先天性心疾患だった真衣は、小学校一年で手術に踏み切った。心臓専門のA病院は、一九八〇年代の日本では最先端の治療技術を誇っていた。真衣と今でも思い出話に花を咲かせるのは、入院中に出会った心臓病の子どもたちと、若い看護師の女性たち、そして早朝から出勤して一人ずつベッドを回って問診をしてくれた医師たちの姿だった。

真衣は病棟で出会った同年齢の子どもたちのことを、今でも一人ずつくっきりとした輪郭とともに、パジャマの色やデザイン、好きな食べ物までも思い出すことができる。病院という一律に染め上げられた環境は、逆に人の個性を際立たせる装置に満ちているのかもしれない。

A病院ではその当時すでに、子どもの心理的ケアのためにいくつかの工夫が凝らされていた。ICUで意識が回復したとき最初に目にするだろう玩具を渡しておき、消毒して準備するのもその一つだった。真衣は大きくなるまでずっと、消毒薬のにおいがしみついた熊のぬいぐるみに鼻をすりつけにおいを嗅ぐのが大好きだった。ＩＣＵの記憶はうすぼんやりしているのに、なぜかそのにおいは真衣を心の底から安心させてくれるようだった。

私は入口から向かって右側の窓際のベッドに案内され、備品の説明を簡単に受けた。そのあいだもコトリとも音のしない残りの三つのベッドのことが気になって仕方がなかった。

窓に掛かったレースのカーテンを、思い切って沈黙を破るようにシャーッと音を立てて開け放った。五階の窓からは都心の高層ビル群と白っぽく霞んだ四月の空が見えた。ななめ下に視線をやると、病院付属の看護大学の寮らしい古い建物が見える。すぐ脇にあるこんもりとした緑の公園は桜の木に囲まれていた。

突風が吹いてきたのか、樹木の緑がさわさわと揺れる。そこから不意に白い煙のような渦巻がいくつも湧き上がり、まるで這うように病院の建物に沿って下から吹き上げてきた。

驚いてよく眺めると、それは桜の花びらだった。

すぐ目の前を風のようにのぼっていく無数の桜の花びらは、私の病室を超えてはるか屋上のあたりまで舞い上がっていった。もっと上の階に入院中の患者さんも、窓越しにこの花びらを見ることができただろうか……。私はしばらく呆然と見とれていた。

これからいくつかの検査が始まるので、昨晩詰め込んだ荷物を早めにカバンから出して、整理を始めた。広い収納庫や最新のテレビ設備は、さすが新築されて間もない病院だと思わせるのに十分だ。おまけによく見渡すと一人あたりのスペースも広く、私はけっこう満足していた。

パジャマに着替えると不思議なもので、気分は少しずつ狭心症の入院患者らしくなっていった。どっさり持ってきた読了する予定の本や、書きかけの原稿が保存されたパソコンを棚から取り出す元気もなく、ベッドに横になった。白い天井を見上げていると、前夜までの慌ただしい仕事の段取りの疲れが出たのか、眠気が襲ってきた。

……うとうとしていると、入り口脇のベッドのあたりから突然「ガ、ガーッ」と音がして、びっくりして眠気も醒めてしまった。病室で初めて聞いた音は、ものすごい高いびきだったのだ。午前十時を過ぎたばかりなのに、あんなに眠っていて大丈夫なんだろうか、他人事ながら心配になる。

今度は、隣のベッドからかすかな物音が聞こえた。サッ、サッ、という音は、衣擦れのようにも思える。聞き耳を立てながら思わずカーテンの下部に注目すると、網の目越しに椅子に座っている女性の靴が目に入った。靴といっても、中年女性がよく履いているウォーキングシューズだ。それもかなりはき古している。

女性はベッドの上の誰かに話しかけている。

「どう?」

「う〜ん」

「このあたり?」

「……」

唸り声とも溜息ともわからない声だが、ベッドの上に寝ているのはどうやら二十代の女性のようだ。とすると二人は親子だろうか。

再び沈黙が始まり、サッ、サッ、というひそやかな音だけがカーテン越しに聞こえてくる。ときどき、娘のくぐもったうめき声も聞こえる。

いったい何をしているのだろうか。姿が見えないぶん想像力だけがフル稼働する。

そうか、きっと母親が娘の背中をさすっているのだ。

私は確信した。どこをさすれば楽になるのかを娘に確かめながら、ひたすら母親はサッ、サッ、とパジャマの上から体をさすり続けているのだ。絶えることなく、もう何分間、いや何十分間その動作を続けているのだろう。

自分だったら、と想像してみた。ベッド脇の椅子に腰掛けて不自然な姿勢でベッド上の娘の体をひたすらさすり続けるなんて、とうてい無理だ。たぶん五分でギブアップするだろう。肩こりのひどい私はそう思う。

縦ロールとカルガモ

めまぐるしい検査をすべて終え、ホルター心電図計を胸に貼り付けて病室に戻った。もうすぐ昼食だと思うと、楽しみで胸が躍った。私は病院食をまずいと思ったことはない。そう言うと、いつも娘の真衣から「私の入院中、いつもつまみ食いしてたもんね」と何十年も前の話を持ち出されてよく非難されたものだ。

部屋の入口から自分のベッドまで歩くあいだ、カーテンの隙間からわずかに隣のベッドがのぞける位置があった。立ち止まらないようにして、通りすがりにほんの一秒だけ見た光景を目に焼き付けた。

ベッドには、ショートカットらしき若い女性がエビのように体を曲げて横たわっている。その脇の椅子に座った白髪交じりの母親は、おおいかぶさるようにして娘の背中をさすっていた。二人の年齢、母親の行動、その服装や雰囲気は、先ほどカーテン越しに衣擦れの音を聞きながら思い描いたものとそれほどかけ離れてはいない。私は心の中で「やった！」と叫び、そのことに深く満足した。

横になって目を閉じ、ふたたび隣のベッドに聞き耳を立てた。サッ、サッ、と先ほどと同じ音が同じペースで続いているが、うめき声はほとんどしない。おそらく私が検査のために採血や心電図などと飛び回っているあいだも、母親は娘の傍らで、同じ姿勢で娘の体をさすり続けていたのだろう。カーテン越しにすぐ隣で延々と続くその音を聞きながら、おそらく私より若いと思われる母親の献身的な看病ぶりに感服したが、いっぽうで少しずつ恐ろしくなった。

その力はどこから出てくるのだろう。

何を考えながら娘の体をさすっているのだろう。

仕事のことはすっかり頭から離れていたのに、なぜか不意にカウンセリングで出会う多くの母親たちのことを思った。もちろん娘の病からの快癒を願っての行為に違いないだろうが、過度の行為、およそ人間技とは思えない行為にはどこか不気味さがつきまとう。その音を聞きながら、私はいつのまにか眠ってしまった。

昼食後の担当看護師による自己紹介を兼ねた検温や血圧測定を受けていると、安心感が少しずつ芽生えてきた。ていねいな言葉づかいと余計な会話を省いた手際のよさに、それ以降もしばしば感心させられることになる。

夕方になると、病室には研修医たちが入れ替わり立ち代わり挨拶がわりの問診に訪れた。そのおかげで、この部屋には隣とななめ前のベッドの三人が入院していることがわかった。ななめ前のいびきの主は中年女性らしく、「いったん退院してみませんか」と勧められており、隣のベッドの若い女性はもう三日くらい高熱が下がらないことをカーテン越しに聞くことができた。

私は研修医たちの言葉づかいに驚いた。看護師の対応を事前に経験していたので余計に気になったのかもしれない。まるでファストフードの店員のように、全員が同じ言葉づかいで話し、語尾を上げる発音も全員似ているのだ。

私のベッドにやってきた一人の女性研修医は、縦ロールの髪型にギャル風メイクで「心臓、苦しくないですか〜」と質問した。「はい」と笑顔で答えながらも内心ではむっとした。いかにも教科書どおりのマニュアル化された発語からは、なんの情感も伝わってこない。研修医の彼女も緊張しているのだろうが、医学部教育でもっとロールプレイを取り入れてみたらどうかと真剣に考えた。

研修医たちの力点は、診断の精度と治療技術などに置かれており、そのぶん患者に対する対応は二次的に位置づけられているのかもしれない。大学の医学部教育がどのようになされているのかが、逆算するように見える気がした。

夕食の直前に主治医がやってきた。外来受診時には気づかなかったが、ベッドで座っている私と立っている主治医の目線の位置はそれほど変わらないほど、彼の身長は低い。有名タレントと名前が同じ主治医だが、そのことをどうしても話題にできなかった。おそらくこれまで多くの人から指摘されてきたに違いないし、そのつど苦笑しながら「いやあ、同じなのは名前だけなんで……」と返してきたことが容易に想像できたからだ。

年齢は四十歳くらいだろうか、薄毛気味の主治医は、自分の母も狭心症だと言った。職業柄、安易に自己開示する人には警戒心が働く。無防備な自信家か、それとも計算されつくした態度に違いない。そんな私の想像には気づかず、彼はカテーテル検査の簡単な手順の説明をして、何か心配なことがあったら聞いてくださいと笑顔で伝えた。まるでのび太が眼鏡を外したような童顔だ。

自分の母と同じ疾患なので、率直に親近感を抱いただけなのかもしれない。私は、一瞬であっても妙に警戒してしまった自分のことをやれやれと思った。主治医はスリッパをパタパタと鳴らし、まるでカルガモが池に戻るような足取りで去って行った。


夕食を運ぶカートの音が遠くの廊下からガラガラと聞こえる。テレビを見ながら空腹を覚えた。

そのとき急に二人の看護師が小走りに部屋に入ってきた。隣の母と娘に小声で何か話しかけているようだ。カーテン越しに内容を聞くためにテレビのイヤホンを外そうと思ったとたん、隣の若い女性のベッドは看護師に運ばれて部屋を出て行った。母親は小走りにベッドの後を付いていく。急いで私はベッドを降りて、カーテンが開け放たれた隣を見に行った。ベッドのないガランとした空間と、残された多くの荷物だけがそこにあった。

……いったい何が起きたのだろう。病状が急変したのだろうか。

一般内科のその病棟では、病名を知るすべもない。唸《うな》るだけの娘と、ひたすら娘の背中をさすり続けた母親はいったいどこの病棟に移ったのだろう。カーテン越しにわずか一秒しか姿を見ることはできなかったが、入院してからまだ八時間も経たないあいだに去って行った二人のことを思って、夕焼けがわずかに残る窓の外を眺めていると、「信田さ〜ん、夕食です」という声が耳に入ってきた。

待ちに待った声とともに、カーテンが開いて夕食のトレイがテーブルに置かれた。いいにおいがした。

最後の晩餐

パソコンに向かいながら、真衣は腕時計をちらっと見た。そろそろオフィスを退出してもいいだろうか。母親の入院している病院までは、早足で歩いても十五分、バスだと五分で着く。あれほど元気だった母親が心臓の検査入院をすることになり、真衣はひどく動揺し、心配していた。入院準備をする母親はまるで旅行前夜のような勢いだったので、真衣はつとめてふだんと変わりなく接するようにした。


午前十一時半に入った携帯メールを、何度も読み返した。

「無事入院したよ〜、検査も終わったし、お腹は空くし」

ベッドの上で老眼鏡をかけて、絵文字混じりのメールを一生懸命打っている母親の姿が浮かんだ。

＊

私は空腹のあまり、食器の蓋をわくわくしながら開けた。やけどをしそうに熱いふろふき大根をまず食べた。甘味噌がこれほどおいしいとは思わなかった。ごはんももっちりとして湯気が立っているし、お吸い物の味付けは塩分控えめなぶん、濃い目のだしで十分カバーされている。心臓病のメニューはまずいですよ、と入院前にさんざん皆から脅されて覚悟をしていたぶんだけ、予想外に満足のいく味だった。

しかしカーテンを閉め切った中での夕食は、妙な気分だ。おまけに隣のベッドが空いたので、もともと三人だった病室は、入口脇の高いびきの女性と私の二人きりになってしまった。ひととおり味見をして落ち着いたところで、一人しかいない同室者に注意を向けた。最初に聞こえたのが高いびきだったことがうそのように、夕方の診察以来、入り口脇のベッドからはなんの音も聞こえてこない。食事をとっている気配もない。高いびきの女性から「静《しず》かさん」に変身してしまったようだ。

私が茶碗をトレイに置く音、箸をつかう音、スープを飲む音は、はたして静さんの耳に入っているだろうか。顔も見たことのない静さんだったが、夕食前の診察時に、主治医にしゃがれ声で気だるそうに話す声を聞いた。どうも退院を渋っているらしい。入院前は、同室の女性たちとわいわい話しながら食事ができるかと期待していたのに、四人部屋とは思えないこのお葬式のような静けさはどうだろう。私はできるだけ音を立てないように白身魚の野菜あんかけを食べた。

完食したのにどうも満腹感がないので、売店でタラコおにぎりでも買おうかと画策していたら、携帯にメールが入った。

「あと十五分くらいで病院に着きまっせ！」

真衣からだ。家族の中で病院からいちばんオフィスが近いのだ。七時くらいには夫や長男夫婦もそろって面会に来る予定だが、この病室でいったいどうすればいいのだろう。静さんにも面会者がやってくればバランスがとれるのだが。思い切ってラウンジに行ってみることにした。その前に、「売店でタラコおにぎり一個買ってきてね！」と真衣へ短い返信を打った。

最近の新しい病院には必ずラウンジがあり、テレビや電子レンジ、インターネット機能をそなえたパソコンなどが備え付けられている。いわば患者にとって公共空間のようなものだ。検査の帰りにちらっと眺めたが、天井いっぱいに窓が広がり、東京タワーがくっきりと見えた。窓際に沿って机が矩形につくりつけられており、一人で椅子に座って頬杖をつきながら窓外の景色を眺められるようになっている。

エレベーターホールとラウンジはつながっているので、テレビを見ながら真衣が到着するのを待とう、元気そうな姿を見せてびっくりさせてやろう、と思いながら病室を出た。そっと静さんのベッドをのぞいてみると、看護師が入りやすいようにしているのかカーテンは半分開いていた。おかげで堂々と静さんの顔を見ることができた。

枕元の電気が煌々とついているせいか、痩せた土気色の顔と目を閉じた表情は陰影に富み、まるでダヴィンチの最後の晩餐の絵に描かれたキリストのようだった。年齢はおそらく四十代後半だろう。退院したくないということは、家族関係があまりうまくいっていないのかもしれない。とすれば誰も面会に来ない可能性がある。やはりラウンジで家族と面会することにしよう。どんな病室か見たいかもしれないが、病室の広さと景色のよさは、ツアコンみたいにささっと案内すればいい。思いをめぐらせて、そう決めた。

ラウンジには、すでに夕食を済ませた患者さんたちが思い思いに座っている。窓の外に目をやる人もいればテレビを見ている人もいる。圧倒的に男性が多いせいか、患者さん同士でしゃべっている人はいない。パジャマ姿のままの中年男性はみな所在なげで、ぽつねんと座っていた。

ライトアップされた東京タワーと高層ビルの灯りが夕焼けで赤く染まった空に浮かぶさまは、美しいけれど、どこか私を落ち着かない気分にさせた。かつて多くのアルコール依存症の女性たちが語った言葉が不意に思い出された。

「夕暮れ時は危ないんですよ、わけもなく不安になってアルコールが飲みたくなっちゃうんです。逢魔《おうま》が時っていいますからね」

だんだん闇に包まれていく紅の空を眺めながら、自分は三日後にはカテーテル検査を控えた入院患者なのだとあらためて思った。

私はエレベーターホールがよく見える位置の丸テーブルに席をとり、家族全員がいっしょに座れるように椅子を確保した。準備万端整ってから、落ち着いて周囲をよく見まわすと、一人ひとりの特徴が際立って目に入ってくる。車椅子の人、松葉杖をついている人、屈伸運動をしている人などもいる。ひょっとして私の病棟とナースステーションをはさんだ反対側には、整形外科の病棟が広がっているのかもしれない。

そのなかに一人だけ、窓際の椅子に座り、片肘をあごに当ててぼんやり夜景を眺めている人の姿が目にとまった。ショートカットの横顔は、一見男性のように見えた。細身でノーメイク、風変りなパジャマを着ていたからかもしれない。

入院したら前開きのパジャマと相場が決まっている。私は入院当日に、一階の売店で女性ものの前開きパジャマを購入し、それを着ていた。どのパジャマも花柄で薄いピンク地だったので、選ぶ余地もなかった。ところがその女性は、茶系のチェック地のパジャマに、襟元には紺色のタオルを巻いている。おまけに襟を立てていた。

年齢は私より十歳近く若く見えるが、どこか年齢不詳の雰囲気を漂わせている。性別および年齢不詳。風変りなパジャマと、首に巻いたカラーコーディネートしたタオル。どこかコム・デ・ギャルソンの川久保玲を思わせる風貌から目が離せなくなってしまった。あまりじろじろ眺めるわけにもいかず、テレビを見るふりをしながら、視線の端で彼女の姿をウォッチしはじめた。そしてすっかり真衣のことなど忘れてしまった。

「どうしたの⁉　病室にいないなんて」

不意に、怒りながら真衣が目の前に現れた。あらかじめ病室番号は知らせてあったので、急いで病室に行ったらしい。

「もう、まったく〜、ベッドが空っぽなんて信じらんない！」

「ごめん、ごめん」

あやまりながら、真衣を驚かせようと思ってラウンジにいたことを説明した。

「そんなことかもって思ったのよ。でもタラコおにぎり買ってこいなんて、ママらしい」

うれしそうに真衣が笑う顔が、心臓手術のために入院していた小学校一年のときの顔と重なった。立場は逆になったが、こうして私のことを心配してくれるまでに成長したのかと思うと、安心して老いることができる気がした。

売店で買ってきた牛丼を食べながら、真衣はしげしげと私の姿を上から下まで眺めた。そして厳しい口調で言った。

「ママ、そのパジャマやめて」

そして声をひそめて言う。

「あの人見た？　すっごいおしゃれじゃん」

真衣の視線の先には、私がすっかり関心を奪われた女性が座っている。

「でしょでしょ？　なんか雰囲気あるしね」

「う〜ん、あれは男性用のパジャマだな、間違いない」

「そうか、そういわれれば厚手だし、でもあんな模様のパジャマ、売店になかったよ」

「え〜っ、売店なんかで買ったんだ。だめじゃん、ダサいと思ったよ」

「だって時間なかったし……」

「わかった、明日来るとき買ってきたげる。もっとおしゃれなパジャマ着ないとだめだよ」

入院ファッションまでチェックされたのに、少しも不快ではなかった。そこに気分を盛り立てるための気遣いを感じたからだ。


二人はひとしきり、その女性に感づかれないようにわざと別の方向を見ながら、ひそひそと意見交換をした。

「ねえねえ、手首と裾見た？　男性用だから袖を少しまくってるよ、裾もジーンズみたいに折り返してるし。あと、スリッパじゃないよ。ほらデッキシューズはいてるじゃん」

言われてみれば、袖をたくし上げて、たしかにバレエシューズのような靴をはいている。

「ママもちょっとがんばって、襟を立ててみたら」

「そうか、じゃあやってみる」

がんばって襟を立ててみたが、悲しいかな、ガーゼ素材のパジャマの襟はみじめにくったりと倒れてしまった。


真衣とは幼いころから、いつもこんな会話を続けてきた。小学生になると、真衣は喫茶店や電車の中で、「ママ、あの人素敵じゃない？」と目をつけた男性のことを、私に報告するのが常だった。たいてい二人が注目するのは同じ人だったので、イケてる風貌や特徴ある癖などを観察しながら、ないしょ話のようにこっそり楽しむことができた。

真衣は同じ疑問を抱いたらしい。

「あの人、なんの仕事しているんだろう」

盛り上がった二人の会話は、最後は職業が何かという究極の焦点にしぼられた。

「そうなのよ、思ったんだけどさ、きっとブティック経営か、それとも自然素材の家具店経営かな。それとも建築士とか」

「そうかなあ……、私は陶芸家だと思う」

「陶芸家？」

「うん、だってあの指見た？　あんなスリムな体なのに、指だけがいやにたくましくない？　きっとあれは指を使う仕事をする人の手だと思うな」

「そうか、なるほどねえ」

真衣の観察眼に感心しながらこっそり彼女の指を見ると、たしかに太い。

「いずれにしても『私の素敵な病院ライフ！』だね」

私の放ったキャッチコピーに、真衣はけらけらと笑った。

その声の大きさに彼女が振り向いたので、あわてて二人はテレビのほうを向いて別の会話に転じた。

それから夫と長男夫婦がやってきて、五人で中華弁当、かつ重、牛丼をテーブルを囲んで食べた。旺盛な皆の食欲と会話につられて、「ひと口ちょうだい」と言いそうになったが、検査前ということもあり、さすがの私も減塩のために我慢をした。真衣に買ってもらったタラコおにぎりを、眠る直前に食べることだけを楽しみにした。

ラウンジの入口から、患者とその家族らしい一団が入ってきた。振り向くと、それは先ほど目に焼き付けた同室の最後の晩餐のキリスト、いや静《しずか》さんの一団だった。夫らしきメタボ体型の男性、それに子どもらしき三人もいっしょだ。もう中学生らしい長男が、急いでテーブルを確保して椅子を用意した。それほど年齢の違わない小学生らしい娘と息子は、父に支えられた母を腫物に触るような目つきで見つめている。

静さんは結婚しており、おまけに子どもが三人もいた。

あのやせ方はひょっとしたら摂食障害かもしれない、と心の片隅で想像していた私は、静さんは独身のまま両親と同居しており、日々親との葛藤が絶えないに違いない、だから退院をしたくないのだ、というシナリオを想像をしていたのだった。隣のベッドの母娘については当たりだったが、残念ながら静さんに関しては、私の推理はまったくの外れだった。

よろよろと夫に支えられながらラウンジの椅子に腰掛けた静さんは、やはりキリストのように真ん中に座って下を向き、首をかしげている。座を盛り立てようとするためだろうか、夫がいろいろ話しかけるのだが、うなずくばかりだ。静さんを囲むように座った子どもたち三人は、黙ったまま母親をじっと見つめている。

そのうちに長男が紙袋からゲーム機を取り出して、うつむいてゲームを始めた。すると妹、弟も次々と手元のビニールバッグからゲーム機を取り出して、うつむいてピコピコと始めた。静さんはぼんやりそれを見ながら、表情を変えずにただ座っている。夫は三人の子どもに目もくれず、静さんが聞いているかどうかはおかまいなしに、ずっと話し続けている。

ゲームに興じる三人の子どもたち、相手の反応を無視してひたすら話し続ける夫、彫像のように最後の晩餐のキリストのように無言のままで座り続ける妻。

それでも、そこに存在しているのはまぎれもない家族だった。今夜はあの病室で静さんと二人だけで眠ることになるのだ。

入院二日目　3月27日（土）

認知症とロシア人

土日をはさんでいるので、検査まであと二日もある。定期的な血圧や体温測定はあるものの、ゆったりとベッドの上で過ごしてさえいれば時は勝手に流れていき、おいしい病院食が運ばれてくる。窓越しに少し曇った薄青い空を見上げながら私は考えた。今の自分は誰からも怠けていると非難されることはないのだ、と。

こうして入院しなければ、そう考えることすらできなかったのだろうか？　あらためて私は、日々のカウンセリング業務が常軌を逸するほどに多忙を極めていたことに気づかされた。

カウンセリングの合間を縫って、わずか五分で事務処理の書類に印鑑を押す。一時間にも満たない昼休みは手製の弁当を食べながら、全国から送られてきた季節の贈答品に対するお礼のハガキを万年筆で書く。事務長からの矢継ぎ早の報告に対しては、別の作業をこなしながら「了解」の合図に人差し指を挙げる。思わず「還暦過ぎた聖徳太子か！」とツッコミたくもなる。

一日のカウンセリングが終わるころには、疲労のために大脳がパンパンにふくらんでいるような感覚にいつも襲われるのだった。狭心症になるのも無理ないか……私は妙に納得した。目を閉じると、それらの日々が遠い世界のように思え、ベッドの上では時間の流れる速度が違うように感じられた。

机の上の時計は午前十時五十分を指している。

「十一時ごろには新しいパジャマを持って到着するよん、楽しみにね♥」

朝食を食べ終わったころに、真衣から絵文字の入ったメールが届いていた。

真衣はもうバスに乗ってるだろうか。どんなパジャマを買ってきてくれるのだろう。ラウンジで会ったコム・デ・ギャルソン風の女性のパジャマとどっちがかっこいいだろう。頭の中ではもう、陶芸家らしい女性とパジャマ姿を競っていた。

あと十分もないと思うとじっとしていられなくなったので、思わず勢いよくベッドから起き上がろうとし、はっとした。昨晩の出来事を思い出したからだ。

きのうは初めての夜だったので、就寝前に、病室の入口にあるピカピカの洗面台で勢いよく歯を磨き三回うがいをした。それからクレンジングフォームで念入りに洗顔した。タオルで顔を拭いてさっぱりしたとたん、ナースステーションから看護師が飛んできた。

「信田さん、どうしましたか？」

「はい？　顔を洗ってただけですけど」

洗顔後こんなにさっぱりしているのに、いったい何が問題なんだろうと、看護師の緊張した顔を見た。

心電図のモニターが大きく乱れたので驚いて飛んできたのだと伝えられ、そのとき初めて、心電図が二十四時間チェックされていることを自覚した。深くうつむいて胸部を圧迫したり、走ったりすると狭心症の発作が起きる可能性があるらしい。

「信田さん、できるだけ静かに歩いてくださいね」

ほっとした様子の看護師は少しほほえみながら、しかしはっきりとした口調で告げた。

「わかりました、ご心配おかけしました」

殊勝な態度で頭を下げながらいつもの癖でついつい廊下を走ってしまっていたことを反省し、これからはすべての動作をゆったりモードに変換しようと決意したばかりだった。

私は努力してゆっくりとベッドから起き上がろうとしたが、かえって不自然な姿勢になったのか左腕をひねってしまった。

「いてて……」

思わずつぶやいたとき、廊下からナースシューズのパタパタという音がした。

病棟にはいろいろな音が満ちている。なかでも看護師が歩く足音＝パタパタが好きだった。

彼女たちはいつも早足だ。痩せていようと太っていようと、必ず小走りでパタパタという軽やかな音を立てて移動する。私は走るのを禁じられたせいか、よけいにその音は憧れに近い感覚を呼び覚ました。おそらく多くの患者さんもベッドの中で耳を澄まして、私のようにそれを聞いているだろう。それにパタパタは、自分や自分の身体が放置され忘れ去られているわけでなく、看護師の関心の対象として存在していることを教えてくれる音でもあった。パタパタが近づいてくるだけで、なんともいえない安らかな感覚に包まれた。

その足音は私のベッドではなく、左隣の空きスペースに入っていった。ベッドまわりの椅子や床頭台などを整備しているらしい音がする。新しく入院してくる人がいるのかもしれない。ほどなくして、ナースステーションのほうからゴロゴロとベッドを押す音が近づいてきた。

「さあノジマさん、着きましたよ」

看護師の明るい声とともに、新しいベッドが到着した。突然いなくなった母娘に代わって、新たに入院してきたのはノジマさんという人らしい。

いったいどんな人だろう。今すぐにでもカーテンの隙間からのぞいてみたい欲望がむくむくと湧いてきたが、じっと我慢した。


ベッドを押してきた二人の看護師がノジマさんに呼びかけた。

「ノジマさん、こんにちは」「こんにちは」

カーテン越しだが、二人の声は若々しく明るい。

「担当しますマキです」「シマダと申します」

「よろしくお願いします」「よろしくお願いします」

二人の担当チームのいっぽうであるシマダさんは少し後輩なのだろう、一拍遅れて挨拶している。

少し間をおいて初めて隣人の声がした。

「よろしく」

しゃがれた弱々しい声で、ノジマさんはゆっくり応答した。おそらくかなりの高齢だ。

「ノジマさん、ここがどこかわかりますか？」

「はあ？」

「ノジマさん、今どこにいらっしゃるかわかりますか？」

二人の看護師が、ゆっくりと語りかけている。耳元に口を近づけながら語りかけている二人の姿が目に見えるようだ。

それには答えず、ノジマさんは振り絞るような声で言った。

「アキコはどうしたの？　アキコ、アキコ、アキコー！」

最初は小さな消え入りそうな声だったが、アキコと呼ぶ声はだんだん大きく甲高くなり、最後は悲鳴に近くなった。真衣に会える楽しみより、隣のノジマさんの異様な声にくぎ付けになってしまった。

「アキコさんってお嬢さんですよね、お嬢さんは午後になってからいらっしゃいますよ」

看護師のマキさんは、ノジマさんの声に同調するわけでもなく、最初から変わらないトーンで話し続けている。そのせいか少しノジマさんは落ち着いた様子だ。

「ノジマさん、ここは病院です。これは病院のベッドです。わかりますか？」

「ええっ病院？……あたし、あたしね、買い物に行ったの。はい、しっしでマルジューまでね。だってトイレットペーパー切らしちゃったんだもの、急がなくっちゃなんないし……」

マキさんもシマダさんも、うなずいて相槌を打っているに違いない。ノジマさんはだんだんと饒舌になっている。かすれていた声も通るようになり、一生懸命説明している。ベッドの上に腰を掛け、神経を集中させて聞いたそれまでの内容から、私はノジマさんの入院までを想像してみた。

《高齢者のノジマさんは買い物に出掛けた途中で転んでしまった。マルジューという近所のスーパーにトイレットペーパーを買いに行ったのだ。救急車で搬送されたのだが、出血を伴うような外傷や骨折はなかったので、外科ではなく内科病棟に入院になった。しかしここが病院であることがよくわかっていないようだ。ひょっとすると軽度の認知症かもしれない。入院してどれほど経っているかわからないが、歩け

なくなってますます混乱がひどくなったようだ》
《ノジマさんの言い回しは、「し」と「ひ」が区別できない下町風である。隅田川に近い土地に住んでいるのではないだろうか。呼び捨てにしているから午後にやってくるのは実の娘だろう。同居中かもしれない。あの甲高い呼び声を聞くと、入院する前から娘を頼っていたに違いない。アキコさんはノジマさんが入院してくれてほっとしているのかもしれない》

ノジマさんの話が一段落して一息ついたところに、一人の女性が友人に付き添われて入院してきた。カーテンでさえぎられて見えなかったが、向かいの窓側の空きベッドに入ったようだ。

ベッドに横たわるときに、ギシギシッとマットレスのきしむ音が聞こえた。よほどのことがなければ病院のベッドはきしまない。相当太った女性なのだろう。二人は大きな声で外国語を話している。特有の語尾のせいですぐにそれがロシア語だとわかった。お隣のノジマさんもさすがに驚いたのか黙っている。

再び想定外の入院患者の登場である。私のセンサーはさらに研ぎ澄まされ、ノジマさんから向かいのベッドの女性へと焦点が移動した。昨晩は四人部屋に二人っきりだったのに、なんと、わずか一時間足らずで一気に満室になってしまった。

入って左側に最後の晩餐のキリスト、右側にトイレットペーパーを買うために転倒した老人、左側窓際、キリストの隣に太ったロシア人――。なんてバラエティ豊かな病室なのだろう。カウンセリングとはまったく異なる世界だが、入院をしなければおそらく接することもなかった三人の女性との想像力を介したカーテン越しの遭遇に、私はすっかり心を奪われていた。

都心にあるこの病院は外国人の受診者が多いので、看護師も英語が堪能だということは人づてに聞いていた。しかしロシア人に対してはどうなのだろう。担当の看護師がノジマさんのときと同様、向かいのベッドに挨拶に訪れた。流暢な英語で話しかけたのだが、同伴してきた友人がさえぎった。


「この人、英語できません。わたしも英語、できません。日本語を、私が通訳します。でも、わたし、昼休み、お店、抜けてきた。もうすぐ帰ります。この人、眠いです。いつも夜働いて、昼間寝てるから」

「そうですか、それではナースステーションで少し話しましょう。それをまとめて患者さんにあとで伝えてくださいますか」

「オッケー。できれば、通訳をつけて、もらいたいです。病院で、ロシア語できる人、いますか」

「残念ですが、この病院では医師も看護師もロシア語ができる者がいません」

「ロシア大使館に、頼んで、もらえませんか」

「わかりました。主治医に相談して大使館と連絡をとってみます。とりあえず心臓カテーテル検査は月曜の午前中ですので、そのことだけご本人にお伝えください」


簡潔にして要を得た説明は、聞いていて気持ちがいい。看護師の応対に感心した。なによりの収穫は、向かいのロシア人は、私の検査の直後に同じ検査を受けるとわかったことだ。とすると彼女も狭心症なのだろうか。同じ病名の仲間だと思うと妙に親近感が湧いた。

友人と担当看護師が病室を出るか出ないかのうちに、そのベッドからはもう軽いいびきが聞こえはじめた。狭心症仲間であろうロシア人女性の物語を私は想像した。

《ロシア大使館の近くには、ロシア料理のレストランが多い。しかしそれらは昼夜逆転した職場ではない。だとすれば、ロシア人女性がホステスとして大勢働いているパブやキャバレーかバーで働いていたのではないだろうか。入院したときのあのベッドのきしみ具合からすると、彼女はかなり太っているはずだから、ホステスとして働ける体型だとは思えない。とすれば、ロシアンパブの調理場かレジで働いている可能性が高い。調理や掃除、働くロシア人女性のマネージメントなどを担当しているのだろうか》

《それにしても、なぜ日本にやってきたのだろう。同伴した友人は片言だが日本語を話し理解できる。それだけ長く日本にいるからなのだろう。彼女は友人の誘いで来日したのだろうが、おそらく日本に来て間もないせいで日本語が理解できないのだ》

私は想像をふくらませながら、カーテンの向こうでいびきをかきながら眠っている白い巨体と、彼女が経験したであろう同じ胸の痛みに思いを馳せた。

「信」はどこからやってくるか

ターミナル駅を降りた真衣は、母親の入院している病院行きのバスに乗った。荷物が重いのは、近々会社で昇進試験を受けるための参考書一式が入っているからだ。そこにはもちろん母親のために購入したパジャマも入っている。

土曜のお昼近い時間のせいか道路は大渋滞だ。いっこうに進まないバスにいら立ちながら、あと二〇分早く電車に乗っていれば道も空いていたはずだ、これもすべてパジャマが見つからなかったせいだ、と真衣は思った。

昨晩病院のラウンジでおしゃれな女性を見たときから、どんなパジャマにするか、頭の中ではすでにデザインがありありと描かれていた。インディゴ風で張りのある素材、ボタンは鮮やかなブルーか、いっそ真紅がいいなぁ。イギリス映画に出てくる少年がはいていたズボンのように、裾はたっぷりと深く折り曲げてある。六十歳を過ぎたママだけど、それくらい派手なパジャマ姿で病棟を練り歩かなくっちゃ……。次々と想像をふくらませていくところは母親にそっくりだ。そのことに真衣は気づいていない。

十時の開店と同時に近所の寝具店に入ったのだが、おばさん仕様としか思えないパジャマばかりがぶらさがっていた。薄くプリントされた模様は、どれもピンクかブルーの花柄なのだ。まるで病院の売店みたいじゃない、と憤然とした真衣はユニクロに入った。ところがいくら探しても、前開きのパジャマは一枚も売られていない。

一縷の望みを託して入った無印良品で、やっとのことで前開きのパジャマが見つかった。イメージしていたものとは大違いだったが、グレーの木綿地にボタンの代わりにマジックテープが使用してあり、襟が高校の制服のように丸くカットされているところがまずまず気に入ったので、急いで購入した。

＊

十一時を過ぎても真衣はやってこない。メールも届かない。

イライラしながら携帯をチェックしていると、「見舞いに行くと自分の入院時のトラウマがフラッシュバックしてしまう」という絵文字まじりのメールが届いていた。夫からだ。ああ、情けないとつぶやきながら、たしかに二年前に夫が手術したときの病院と建物の構造はよく似ていると思った。

しかし何かが違う。ほぼ全員が手術を受けるため外科医が関与している病院と、私が入院している病院のフロアとは空気が違っている。この二日間で経験した患者の出入りの多さ、年齢や国籍の多様性、ラウンジに満ちている個性の輝きは、まるで宮沢賢治の「注文の多い料理店」のような雰囲気を醸し出している。

それに比べると夫の入院していたＩＣＵや術後の病棟は、冷たく張り詰めた空気が漂っていた。冷え冷えとしているのに、そこはまぎれもない戦場であり、医師を突撃隊長とした戦闘部隊が常時待機しているのだった。看護師は部隊の一員にすぎず、医師の背後に隠れてその姿が小さく見えたことをありありと思い出した。

二つの病院のあいだに横たわる温度差は、「死」との距離の違いによるものかもしれない。たしかに日々なにごともなく働いていたときに比べると、心臓カテーテル検査を控えた私は、生命の危機に直面していると言えなくもない。しかし目立った苦痛もなく、退院日も決まっていることがどこかで気楽さを生んでいる。なにより飽くことなき好奇心が、生命の危機という言葉を凌駕していた。

ロシア人女性はいびきをかきながら眠ったままだ。お隣のノジマさんは看護師二人を相手に話し疲れたのか、黙っている。最後の晩餐のキリストのような静さんからは、寝息すら聞こえてこない。奇妙な沈黙に満ちた病室でじっと横たわっているのは居心地が悪く、私は校正のゲラを抱えて、ラウンジに行くことにした。

通りすがりに、カーテンの隙間からノジマさんを見た。不意に学生時代の記憶がよみがえった。下宿近くの総菜屋によく買い物に行った。漬物や惣菜、乾物類を売る狭い店は、お世辞にもきれいといえなかっ

たが、そこの白菜漬けは実においしかったからだ。

店先から丸見えの居間では、古ぼけた石油ストーブの上でやかんの湯気が立っていた。いつ行っても白髪の女主人はそこでテレビを見ていた。大音量なのは耳が遠いせいなのだろう。客が来ると、物憂げに「いらっしゃい」としゃがれ声で立ち上がって、のろのろと店に出てくるのだった。両方のこめかみには小さく切った白い膏薬が貼ってあった。記憶の中にあるその女主人とノジマさんの姿が重なった。

ノジマさんの顔の下半分は紫色だ。おそらく転んだ際の内出血なのだろう。時が経つにつれて顎からだんだん下に降りてきたのだ。仕事柄、ＤＶ被害を受けた女性の内出血の変化を見ていたので、そのことが容易に推測できた。

目をつむったノジマさんの口元は、生きることに飽き飽きしたかのようにへの字に結ばれ、眉間には深いしわが刻まれている。あの総菜屋の女主人とそっくりだ。通り過ぎるほんの一瞬の光景で、ノジマさんという老人が入院に至るまでどのような人生を送ってきたのかがわかる気がした。

昼食まであと三十分ある。どうしてこんなにお腹が空くのだろう。朝食はパンにバターとジャムがついていた。コーンスープはおいしかったが、フルーツは酸っぱいので残してしまった。納豆ごはんだったらここまで空腹に苦しむこともなかっただろう、と少し恨めしく思った。

日当たりのよい窓際の椅子にゆっくりと座り、カフェにでも行った気分で赤のボールペンとA社のゲラを取り出したが、なかなかゲラのチェック作業に身が入らない。東京タワーも見慣れてしまったので、周囲の会話に耳をそばだてた。

土曜の昼のラウンジは、どこか華やいでいる。ウィークデイよりはるかに多くの面会者が訪れているせいだろうか。右ななめ後ろの丸テーブルから、五十代らしい女性の声が聞こえてくる。

一瞬目をやると、女性の前にはパジャマ姿の男性が目を伏せて座っている。その隣には歩行器が置かれている。自力歩行が難しいのだろうか。

「……なんてヘンよ、だめじゃない！　どうして主治医に聞かないの！」

まるで幼稚園児を叱っているような口調だ。たぶん夫婦なのだろう。訝しまれないようにゲラと東京タワーを交互に見やりながら、内容を逐一聞き取ろうとした。

腰のヘルニアの手術をした夫だが、どうも痛みが残っているらしい。それを主治医に報告しなかったことで妻から責められている。夫は、退院が遅れることを恐れて妻にそれを黙っていたことで、さらに怒りを買ったのだ。妻の憤りは夫ばかりではなく、そのことに気づかない主治医にも向けられている。

「だいたい、セカンドオピニオンを求めなかったのが悪いのよ。B病院のC先生のほうが腕が良かったんじゃないの!?」

夫は憮然としている。ラウンジでは怒鳴るわけにもいかないのかもしれない。歩行器を使ってしか歩けない夫と、ウォーキングで足腰を鍛えているに違いない小太りの妻とでは、誰が見ても勝負はついている。

妻の言い分はこうだ。

《病院選択に際してあなたは怠惰であった。どれほど忠告しても聞く耳を持たなかった。こうして問題が明らかになった以上、主治医ひいてはこの病院の治療方針を信じることはできない。退院して再発すれば、けっきょく私の負担が増えることになるのだから……》

頬を紅潮させて夫を責めているだろう妻の言葉を、まるで私立探偵のようにそ知らぬ顔をして聞きながら、突然はっとした。

「私はセカンドオピニオンを求めなかった！」

新鮮な発見だった。しかしその驚きに浸る暇もなく、そこからむくむくと問いが湧きあがってくる。

《クライエントにセカンドオピニオンを勧めることも多い自分が、なぜ自分の心臓の検査に際してそれを求めなかったのだろう。そればかりではない。狭心症についてインターネットで検索したり、関連書物を読むこともしなかった……》

あらためて自分の行為を振り返りながら、しばらくその問いについて考えた。大きな謎のように思われたが、意外と早く、四秒間ほど考えただけで答えはすぐに見つかった。

「私は主治医を信じていた。だから、セカンドオピニオンを求めようなどと考えてもみなかったのだ」と。ではなぜ、カルガモのように歩き、のび太のような笑顔のあの主治医をやすやすと信じたのだろうか。あまり権威的でもなく、頭髪の薄さから四十代らしいと想像される主治医の、何を信じたのだろうか。問いはさらに湧いた。

さすがにこの問いについては、四秒間では答えが出なかった。しかしそんな自問自答や謎解きをしているときの私は、いつも秘密の小箱をのぞき込んでいるようなわくわく感を覚える。空腹も忘れ、思わず体を動かしたくなって椅子から立ち上がった。「う〜ん」と小さい声を出し、軽く伸びをした。視線を真下にやると、緊急入口から救急車が病院に入ってくるのが見えた。

私はくるくる回る赤い光を見ながら、多くのクライエントの女性たちを思い出した。彼女たちは、リストカットとオーバードーズ（処方薬の過剰摂取）の末に、家族の一一九番通報によって救急搬送された経験を持っていた。カウンセリング場面で、縫合された手首の傷跡を見せられたことはしばしばある。本人だけではない、娘が数度にわたり自殺企図を繰り返す母親もカウンセリングに訪れる。

彼女たちに会いながら、私はずっと考えてきた。事態が好転するクライエントと、カウンセリングが中断してしまうクライエントとの違いはなんだろう、と。しょっちゅう問題を起こすクライエントとその家族が、カウンセリングに通うことで望ましい方向に回復することは、カウンセラーと本人たちにとって共通の願いであることは間違いない。それなのに、なぜそこに違いが生じるのだろう。

カウンセリングの理論や技法、カウンセラーの姿勢などを挙げることはできる。実力や相性もあるだろう。臨床心理学はそれを根拠づける学問であることはいうまでもない。しかし、身体医学のように客観的なエビデンスで効果を証明するのは至難の技だ。近年では援助職の世界でもエビデンス・ベイストと叫ばれるようになったが、私はどうも苦手で、すぐに「エビドン＝海老丼」を連想してしまう。

思い返せば、回復したクライエントたちは例外なくカウンセラーである私とそのカウンセリング機関に対して深い信頼を抱いていたように感じられる。しかし、さまざまなカウンセリング機関が林立し、数多くのカウンセラーが誕生している中から自分たちが選ばれたこと、そして心よりの信頼感を寄せられ、保険診療よりはるかに高額の料金を支払われること――この法外とも思えるほどの付託に対して、私は喜び感謝しつつも、どこかで怯えを感じていた。

有頂天になり万能感に浸ることができればどれほど楽だろう。「私はカリスマカウンセラーよ、ほほほ……」と権威をふりかざし、ご託宣を与えることができれば、無条件の信頼とどこかで深く切り結ぶことができたのだろう。

しかし、長いカウンセラー歴をとおして、私はそれを禁じ手にしてきた。涙を浮かべたクライエントから、「先生、命令してください」と頼まれたこともあるが、どうしてもそれだけはできなかった。

土曜の昼というのに、病院には次々と救急車が到着する。見る者を不穏な気分にさせる赤い警光灯の回転を見下ろしながら、私はそのときのクライエントのすがるような顔をありありと思い出した。

《あのときのクライエントからの無条件の信頼と、私が主治医を信頼したことはどう違うのだろう。かたくななまでに私が禁じ手にしてきたことは、深い信頼の付託に答えることとどのように重なるのだろう、それとも……》

援助を受ける側に立った私と、援助者=カウンセラーとしての私が頭の中で正面から向かい合っている。なにより、受ける側の私はすでに主治医を信じてしまっている。賽《さい》は投げられているのだ。答えが出るどころか、混乱のあまり頭を抱えたくなった。

こんなときは先送りするに限る。謎の先送りは私の特技である。

そう考えたとたん、空腹のあまりお腹が鳴った。配膳車はまだなのかと後ろを振り向いた。ななめ後ろのテーブルには、先の夫婦に代わっていつのまにか松葉杖の若い男性が座っている。少しひげの伸びたあごからのど仏のラインに見とれている私の前に、真衣が息せき切って現れた。

母娘探偵は耳を澄ます
いったん病室に戻って昼食をトレイごとラウンジに運び、真衣と昼食をとった。

一階の売店で牛丼を買ってきた真衣は、「塩分制限されててかわいそうにね」と笑いながら、わざと目の前で甘辛いタレの沁みたごはんをぱっくりと食べてみせた。もともと私は漬物のような塩辛いものが大好きなので心底悔しかったが、「薄味でもだしが利いてればおいしいのよ」と、あまり味のしないポテトサラダを頬張ってにっこり笑った。

牛丼をひと口でいいから食べたいという欲望を紛らわすために、私は同室者三人の詳細なプロフィールを、身振りを交えて真衣に伝えた。

目の前にいない人についてできるだけ相手の関心を惹きつけるように表現する。これはカウンセラーにとって職業上必要なスキルだと私は考えている。ある人のことを他者に伝達するためには、自分の印象や経験に対する一定の距離が必要だ。さらにそれを物語化し、聞き手の関心に添うべくわかりやすく、ときには誇張し、オチまでつけて語るには、対象への強い関心と好奇心が必要だ。もっと言えば、少し冷酷なまでのまなざしである。

センターでは、ケースカンファレンスを毎週実施している。新来ケースを一事例あたり十分以内でプレゼンテーションするのだが、そのコツは正確さというより、このような表現である。骨格になる筋書きはもちろん、ときにはしぐさや服装の特徴（目をつむって話す、高価な指輪とよれよれのワンピースの組み合わせ……など）が、そのケースを生々しく伝える。カンファレンス参加者のケースへの関心は、プレゼンテーションの方法で大きく左右されてしまう。

これは芸人のトークや噺家のそれに似ているかもしれない。私は仕事を抜きにしてもそのことが大好きだった。言ってみれば単なる噂話とおしゃべりにすぎないのだが、私の人生からそれらを取り除いたら貧しいものになってしまうだろう。

おしゃべりと噂話の楽しみを、家族でもっともよく共有してくれるのが真衣だった。好きな言葉ではないが、ひょっとして遺伝？　と考えてしまうほどだ。牛丼と紅ショウガを混ぜながらしだいに目を輝かせ、うなずきながら聞いていた真衣は、母親と同じ狭心症らしきロシア人女性に特に興味を持ったようだ。

「すっごい美人かなあ、色は白いだろうし」

「ベッドがぎしぎし鳴ったからけっこう太ってるかもね。ロシアの女性って三十歳過ぎると太るっていうじゃない」

「ふ〜ん、でも言葉も通じない日本でカテーテル検査受けるって不安だろうね。いずれロシアに帰るのかなあ」

「そうね……」


きれいに完食したけれど、腹七分目ほどの満腹感しか得られなかった。もっとガッツリ食べたいという欲望をなんとか抑え込みながら、食後の検温や血圧測定のために病室に戻ることにした。真衣の買ってきてくれた新しいパジャマにも早く着替えたかった。

並んで歩きながら、ナースステーションの前で真衣は軽くおじぎをした。

けっこう礼儀正しいんだ、つまり躾が行き届いているってこと？　私は娘を褒めるより親としての自己満足に浸っている。真衣はおそらくそんな母親のうぬぼれに気づくはずもなく、重そうなトートバッグを下げて病室に入った。午後いっぱいベッドサイドで資格試験の勉強をするための参考書が三冊入っているという。

午前中の静寂とは打って変わったように、病室には賑やかな人の声が行きかっている。いびきをかいてずっと眠っていたロシア人の女性は、意外と低い声で同国の友人らしき面会者とさかんに話していた。まるで四～五人いるのではないかと思うほどの音量だったので、カーテンの下をのぞいて網目越しに足の数をかぞえてみた。足はたった四本、つまり面会者は二人しかいないことがわかった。そのうち、一人の女性はおおっぴらに携帯電話をかけてロシア語でまくしたてはじめた。理解できない言語の洪水に席巻された病室は、妙な異国情緒に包まれていた。

そんな中で、最後の晩餐の静さんは相変わらずカーテンを閉め切ったまま、隣のベッドの喧騒とは無縁であるかのようにひっそりと閉じこもっている。ノジマさんも機関銃のようなロシア語に気圧《けお》されたのか、隣のベッドで沈黙していた。

カーテンを閉めてベッド脇の椅子に腰掛けた真衣は、目を丸くしながら小声で「すごいね」とささやいた。

「勉強、できそう？」

「たぶんね」

二人は顔を見合わせて、やれやれという表情をした。

真衣の買ってくれたグレーのパジャマに着替え、ベッドに横になって週刊誌を読みはじめた。何冊か選んで持ってきたハードカバーの本にはまったく食指が動かない。真衣はベッド脇の椅子に座って、参考書にマーカーで線を引いている。ほとばしるように語られるロシア語は、時間とともに少しずつ耳への心地よい刺激に変化していった。いつのまにか眠気に襲われ、週刊誌を閉じて窓の外の空を見つめウトウトとした。

時計が午後二時をまわったころ、ロシア人の一行は潮が引くように居なくなった。私は突然訪れた静寂にかえって落ち着かなくて眠気がさめてしまったが、真衣は相変わらず参考書を読んでいる。

「静かになったね」

小声でささやくと、真衣は勉強の邪魔をしないでという表情で私をにらんだ。

「ごめんごめん。さぁ昼寝しようっと」

窓と反対側に体の向きを変え、本格的に眠ろうと目を閉じた。そのとき、突然隣のベッドからノジマさんの声がした。

「アキコ～、遅かったじゃないかぁ」

しゃがれてはいるが、少し甲高い声で話しかけている。参考書から顔を上げた真衣と目が合った。同時にうなずき合った二人の推測は一致していた。きっと、娘のアキコさんが面会に来たのだ。

私の聴覚は一気に研ぎ澄まされ、真衣も目だけは参考書に向いているが全神経は隣のベッドに向けられている。こちら側の母娘の関心は、カーテン越しの隣の母娘に集中しはじめた。

「はいはい、お待たせ～」

アキコさんの声には抑揚がない。少し淀んだような話し方からは何の意欲も伝わってこない。カーテン一枚隔てた向こうで、母からアキコと呼ばれる女性がいったいどのような表情をしているのかがありありと想像できる気がした。たぶん無表情なままで返事をし、母親と目を合わせることもないのだろう。

「いったい何時に出てきたのさ」
「お昼ですよ、ごはんを食べてからです」
「あのさ、先生はさ、もう少し入院しなさいって言うんだよ」
「はいはい、そうですか、先生の言うことを聞いてください」

ノジマさんの息せき切った話に対し、娘はゆっくり応答している。母のテンポに巻き込まれることのない娘の馬鹿ていねいな口調は、母との距離を保つために使用されている。

カウンセリングでは、クライエントに対して「ていねいな口調でゆっくり話しましょう。敬語を使い、挨拶もちゃんとしましょう。そうすれば距離ができますから」と説明することが多い。摂食障害の娘から攻撃される母、引きこもりの息子から怒鳴られ殴られている母に、まず伝える必要があるのがこの点である。受け入れて理解しましょう、などといった提案は一切しない。アキコさんの口調とテンポから、母親と距離をとりたいという姿勢を強く感じさせられたのだ。

しかし大きな相違点は、アキコさんの声から漂ってくる何ともいえない気だるさだった。もう辟易《へきえき》している、これ以上かかわりたくはない、飽き飽きしている……「はいはい」という前振りを聞くたびに、そんな思いがカーテンを越えて伝わってくるのだった。

「マルジューにも行かなくっちゃなんないし、そうだろ」
「いえ、お母様には買い物は頼みませんよ」

「今度は転ばないように気をつけなきゃ。あ〜あ、えらい目にあっちまった」

「お母様、転んだのはおうちでしょ？」

「違うよ、何言ってんだい。マルジューにトイレットペーパー買いに行ったからじゃないか」

「いいですか、何度も言いませんから！　お母様は二階から階段を下りる途中で転げ落ちたんです。わかりました？」

アキコさんは、「おかあさまは　にかいから　かいだんを……」から最後までを異様にゆっくりと語った。それも声を一段と低くして。その怒気をはらんだ強い口調に気圧されたのか、ノジマさんはしばらく黙った。

私たちはカーテン越しの母娘劇場にすっかり耳を奪われ、今後の展開にハラハラしていた。娘の機嫌を考えてノジマさんは話題を変えようとしたのだろうか、まるで秘密を告げるように声をひそめた。

「あのさ、アキコ、同じ部屋にロシア人みたいのがいるんだよ」

「えっ、そんなはずはありませんよ。ここは日本ですよ」

「だって、話してんの聞いたんだから」

「はいはい、わかりました。そうなんですか、ロシア人ね」

まったく信用しないアキコさんの口ぶりを聞いていると、私は「はいはい」という相槌にいら立ちを覚えるようになった。ノジマさんは、カーテン越しに会話をじっと聞きながら、ななめ向かいのベッドの女性がロシア人であると理解したのだ。それをニュースとして娘のアキコさんが面会に来たら報告しようと準備していたのだろう。

アキコさんがベッドまわりの整理をする音が聞こえてくる。紙を丸めて捨てる音、洗濯物を袋にしまう音、ロッカーの扉を開閉する音。おそらくアキコさんはノジマさんにていねい語で相槌を打ちながらベッドの周辺の整理をしているのだ。いやそちらのほうが主たる目的なのかもしれない。

「ところでさ、マルジューのいつもの月曜特売はチラシ入ったのかい」

「いいですか、マルジューには行ってません。だから、わかりません」

「そうかい」

四秒ほど沈黙してからノジマさんはまた尋ねた。

「マルジューのトイレットペーパーは特売になったのかい、今度は転ばないようにしなきゃ」


一瞬アキコさんが息を呑む気配がした。それは怒りを抑えるために必要だったのだろうか。アキコさんは否定も肯定もせず、沈黙したままベッドまわりの整理を続けていた。

ノジマさんの世界はマルジューというスーパーを中心に回っている。そこに買い物に行くことが彼女の日常を支える唯一の確かな行為なのだろう。次の特売日がなにより大切な未来なのだ。どれだけアキコさんが否定しようと、ノジマさんはマルジューにトイレットペーパーを買いに行く途中に転んで顔を打ったのだ。

私は、そしておそらく傍らで聞いている真衣も、ノジマさんという老人の生きている世界の一端を、カーテン越しの会話から知ることができた。

気がつくとアキコさんの気配が消えていた。音もなくいつのまにか隣のベッドサイドからいなくなってしまった。

「逃げたんじゃない？　それにしても黙っていなくなるなんて」

真衣がぼそっと小声でつぶやいた。

それからしばらくして、ノジマさんの混乱が始まった。

「アキコは？　アキコ〜」

ノジマさんは娘を呼んだ。それでも返事がないとナースコールのボタンを押した。パタパタという音を立てて駆けつけた看護師はノジマさんに聞いた。

「ノジマさん、どうされました？」

「アキコは？　アキコはどこに行ったの？」

「アキコさんって娘さんのことですよね」

「アキコはどこに行ったの？」

「アキコさんはお帰りになったと思いますよ」

「そうなの、アキコ、帰ったの」

「じゃ、戻りますね。よろしいですね」

「はいはい、ご迷惑おかけしました」

ノジマさんはていねいにお礼を言い、パタパタと音を立ててナースは戻っていった。

わずか五分ほど沈黙ののち、ノジマさんは再びナースコールを押した。パタパタと走ってきたナースはノジマさんに聞いた。先ほどと同じ言葉だ。

「ノジマさん、今度はどうされました？」

「アキコは？　アキコはどこに行ったの？」

看護師は淡々と同じ口調で先ほどと同じ内容を繰り返した。落ち着いた口調は見事なほど変わらない。そして同じようにパタパタという音を立てて看護師は戻っていった。

今度はどれくらいもつのだろうとドキドキして聞いていると、三分後には予想どおりノジマさんはナースコールのボタンを押した。

しばらくしてパタパタと走ってきた看護師は尋ねた。

「ノジマさん、今度はどうされました？」

「あのね、痛いの、とっても痛いの」

「どこが痛いのですか？」

「ここ、ほらここ」

「ここですか」

「う〜ん、違う、ほらここ」

「ここですね、ああ、ちょっと赤くなってますね。じゃ、お薬塗っておきますね、ちょっとお待ちください」

立ち去ろうとする看護師を引き留めるようにノジマさんは言った。

「あのね、薬じゃないの、そこさすってくれない？　痛いの、とっても」

「ここですね、わかりました。じゃ、さすってみますね」

皮膚をさするひそやかな音がする。体のどこかはわからないが、さすられて気持ちよさそうにしているノジマさんの顔が目に浮かぶ。

「どうですか？　まだ痛みますか？」

「ありがとうございました、お世話になりましたでございます」

ていねいな言葉でお礼を言ったノジマさんは、やっと娘がいなくなったことから解放されたようだ。

私たちは、すぐ隣のベッドで起きたノジマさんの娘失踪事件、その後のナースコール連発を実況中継で聞いていたような気分に襲われた。あまりに生々しかったので、息抜きをして真衣と総括をしなければと考えた。その思いが伝わったように真衣もうなずいている。

ひとことも発することなく、まるでアキコさんのように二人はそっとベッドを離れ、ロビーへと脱出した。

ノジマさんの生命力

ラウンジにたどり着くと、私たちは大きくため息をついた。

大きく開いた窓からは夕方の四時近い都心の空と高層ビル群が迫ってくる。少しだけ傾いた陽の光がビルの無数のガラス窓に反射して鈍く輝いていた。

窓際のカウンターのような椅子に並んで座り、二人はその静謐な光景を眺めたが、気分は正反対に波立っていた。とにかく話さずにはいられなかった。

「もう、全然勉強できなかった、予定が狂った！」

真衣は口をとがらせて訴えた。

「ほんとにねえ、次から次へとだもん。ロシア語でしょ、それからノジマさんとアキコさんでしょ」

「病室ってあんなに賑やかだなんて、誰も想像しないと思うよ」

「ほんとにびっくりした、想定外って感じだね」

できるだけ小さな声でひそひそと話すように努めながら、しばらくのあいだ二人は病室で経験したことを次々と話した。ひとしきり語りつくすと、やっと落ち着いた。

真衣はポツリと言った。

「それにしてもノジマさん、かわいそうだね……」

「ほんとほんと、長生きしてもあんな風になるとしたらいやだなぁ」

「大丈夫、ママは絶対ノジマさんみたいにはならないって。いくつになっても週刊誌を読んでると思うよ」

「マルジューで週刊誌買ってきてね」

ノジマさんのキーワードを決めゼリフに使ってみたら、案の定、真衣は大声で笑った。それにつられて私も笑いながら、頭の中で九十歳近い自分が杖を片手に近所のコンビニで週刊誌を立ち読みしている姿を思い浮かべた。あまり絵になる光景じゃないな、と思いながら。

「でもさ、アキコさんがあんな態度をとるようになったのは、やっぱり相当大変だったんじゃないの」

真衣は鋭いところを突いてくる。

「うん、たしかに言えるかも」

「もういっしょに住みたくないって思ってんじゃないの？　アキコさんって結婚してるのかな、それとも独身で仕事してるとか」

「そうか、全然想像もしなかったけどどうなんだろう、だいいち年齢もわからないし」

「ノジマさんの年齢が八十歳前後だとすると、娘さんはもう五十歳くらいってことにならない？」

「そうか、それにしちゃもっと若い印象だったよね、あの声」

真衣の言葉を聞きながら、この推理欲は生半可なものじゃない、おまけにかなりの確率で当たっている、ひょっとして自分より上手《うわて》かもしれないと思った。

私は仕事でいくつかのグループカウンセリングを実施しているが、終わってからスタッフ同士でアフターミーティングを行う。感想や気づきを経過に沿ってざっと話し合うのだ。そして最後はいくつかの視点に沿って総括し、次回に向けての課題を明確にさせる。それはクライエントにとって重要であるのはいうまでもないが、実施するカウンセラーにとっても一種のフォローとクールダウンの効果を持っている。真衣とのラウンジでのおしゃべりは、どこかアフターミーティングに似ていた。カーテン越しの母娘のドラマはそれほどまでに生々しかった。


病室に戻ってもノジマさんの隣ではなんとなく落ち着かないような気持ちがしたので、いったん仕事のゲラを持ってきて、そのままラウンジで夕食前まで校正をしながら過ごすことにした。真衣はすっかり勉強をあきらめてしまったようで、一階の売店で買い物をしてくると言い残してエレベーターに乗った。

病室に入ると、ロシア人は再び高いびきをかいていた。ノジマさんのベッドはぴったりとカーテンが閉められており、中からかすかに寝息が聞こえてくる。あれだけのことがあったのだからたぶん疲れて眠っているのだろう。もう一人の静さんは相変わらず不思議なくらい静かなままだ。

私は手提げ袋に入ったずっしりと重いゲラの束を持って、二種類のいびきが交錯する病室をそっとあとにした。

ラウンジの窓から見る光景は、時間と天候によって大きく異なる。南側の空はうっすらと紅色がかっているが、西のほうを見やると太陽がじりじりと沈みかけている。都心の空は一面に雲海のようなもやがかかっている。気温がかなり高くなっているようだ。しかしラウンジの中は、相変わらず快適な温度のままだ。

面会に訪れた人たちも減り、空いたテーブルも多くなっている。窓側の角のテーブルに目をやったとき、私のアンテナがピンと立った。

そこに座っているのは、あの川久保玲似の女性だった。それも男性と向かい合って親しげに話しているのだ。男性は口髭をはやし、渋いグレーのたっぷりとしたシャツを羽織り、編み上げブーツがズボンの裾からのぞいている。

迷わずその隣のテーブルに二人と背中合わせに座り、おもむろに赤いボールペンで校正を始めた。もちろん耳はそのカップルの会話に集中している。低い声で切れ切れに聞こえてくる内容は、単語と単語を結びつけて想像するしかない。まるで外国語を聞いているときのようだ。

西麻布、ブンカムラ、アトリエ、事務所、移転、仲間のオフィス……。これらの言葉をつなぎ合わせれば、彼女の輪郭はかなりはっきりしてくる。当初の想像はそれほど外れてはいなかった。やはりアート系の仕事に就いており、おしゃれなエリアに事務所を持ち、つい最近移転したということなのだろう。

それにしても二人の関係は何だろう？　夫婦なのだろうか。いや、そうではないだろう。こんな場合、多くの夫婦は黙ったままか、どちらかが一方的に話すかのいずれかだ。この二人は、静かに言葉を交わしながら話し合っていた。

では恋人同士だろうか。それにしてはあまりにも空気が淡泊すぎる。背後から漂ってくる気配は水のようにさらりとしている。とすれば仕事仲間なのだろう。男性のかなりこだわった服装もそう推測させるに十分だった。

そのとき、川久保玲似の女性の口から出た言葉に私の手は止まった。

「……それでね、登り窯がね……」

やはりそうだったのか！

前日に「陶芸家じゃない？　だって指が太いもん」と指摘したのは真衣だった。またやられてしまった、と苦笑した。そして何気なく隣のテーブルのほうに体をひねり、素早く川久保玲の指を見た。やはり、太かった。

真衣は、一階のコンビニでチョコレートクッキーを一箱買ってきた。それをかじりながら、私が夕食を食べ終わるのを傍で見届けて、急いで戻っていった。渋谷で待ち合わせの予定があるのだという。

驚いたことに、ロシア人女性はほとんど食事をとらないままだった。実際に見たわけではないが、トレイ上の食事に手をつける音がしないのでそう推測した。看護師が英語で「もう少し食べませんか」と尋ねても、「ニェット」と答えるだけだ。私には、あのベッドがきしむ体とほとんど食事をとらないという行動はどうしても不釣り合いだと思われた。

それに比べるとノジマさんは実に食欲旺盛だった。カーテン越しに食事をとるときに発するさまざまな音が聞こえてくるのだ。ズズーッとポタージュを飲み干す音、お皿のチキンソテーを箸で突き刺す音、トレイにスプーンを置く音、ごはんの器の蓋を開け、そして閉める音……。物を食べるとき、これほど多様な音が生まれるのかと驚くほど、ノジマさんはさまざまな音をさかんに生み出しながら食べている。その豊かさは、まるでノジマさんの生命力を表しているかのように思われた。

私にとってはいつもどおり腹七分目しか満たされない食事だったが、これを機会に少し胃が収縮してくれないかと思い我慢した。


昼寝をし、食事を全部食べきったせいか、ノジマさんは心なしか隣のベッドで元気になったようだ。看護師が血圧と体温を測りにくると、いろいろ話しかけている。

「あのさ、さっき食べたほうれんそう、冷凍かい？」

「ほうれんそうですか？　私たちはあまりよくわかりませんが……どうかされましたか？」

「ええ～っ、知らないんじゃしょうがないね、アクがさ、あんまりアクがない味付けだったからさ、冷凍じゃないかって。そりゃあんまりしどくないかい？」

「アクがなかったんですね、そうですか」

看護師は一生懸命ノジマさんのアクなしほうれんそうに応対している。昼間のアキコさん失踪事件の際の看護師とは別の担当者だ。おそらく申し送りがされているのだろう、ていねいに一つずつうなずきながら聞いているのが目に見えるようだ。

「そいでさ、しとつだけ頼んでいい、看護婦さん」

「一つだけですか（笑）。はい、いいですよ」

「ねえ、ここ見てくんない？」

相変わらず〝ひ〟と〝し〟の区別がつかない発音だが、昼間と同じように声のトーンは高くなっている。どこか看護師に甘えながら、それでいてからかうような調子が聞く者に伝わってくる。

「どこでしょう?」

パジャマの衣擦れの音がして、ノジマさんは体の一部を看護師に見せているようだ。どこなのか、カーテンを開けて見てみたいと思った。

「ほらね、こうなっちゃってんの、わかる？　しどいでしょ？」

「ああ、そうですね、」

示された患部を見ているらしく五秒間くらい看護師もノジマさんも言葉がない。しばらくたって看護師が言った。

「先生から塗り薬が出ていますので、あとで塗りますね」

「また薬？　やんなっちゃうって言ったじゃないの。薬なんか効きゃしないんだから」

たぶん、この一連のやりとりはノジマさんが看護師の関心を引くための取引に使う方法なのだ。体のどこか患部が炎症もしくはただれており、痒みか痛みを訴える。それに対して薬を塗るという対応が看護師から提示されたとたんに、「薬じゃないの」と反論する。

多くの看護師はそこでどうしていいのか困ってしまうだろう。その様子を見ながら、きっとノジマさんは自分に深く関心を引きつけることができたという安心感、満足感を得ている。

「薬を塗るのがお嫌なんですね、でも一回試してみましょうか。そしてしばらく様子を見てみましょう」

看護師の発言を聞きながら、よくがんばっていると感心した。嫌がっているノジマさんを尊重しながらも、必要な処置を試みるよう動機づけをしている。このような場面でそれがすぐに実践に移せるというのは、なかなかできるものではない。日頃のカウンセリング業務のことを思い浮かべながら、けっこうやるじゃない、と内心でつぶやきながら、この病院の看護師の対応がきわめて厳密にトレーニングされていることにあらためて気づかされた。

　しかし、これでノジマさんが納得したわけではなかった。ノジマさんの訴えはだんだん痛みに集約されていった。体のどこかがいつも痛いと言うのだ。その訴えのエネルギーは夜が更けるにしたがって徐々に高まっていき、病棟の消灯時間である午後十時ごろにピークに達した。

恐怖の屈辱

　ベッドから病室の入口に向かって右側には洗面台が、左側にはバリアフリーのトイレがある。昼食後に歯を磨いていなかったことに気づき、洗面用具の入ったポーチを持ってベッドを降りて洗面台へと向かった。

　二人並んでも余裕があるほどのバカでかい洗面台は、まるでマンションのモデルルームのように真っ白でピカピカに光っている。カシカシ～と歯ブラシの音を立てて念入りに磨きながらふっと疑問に思った。

　それにしてもこんなに清潔なのはなぜなんだろう？

　しばし歯ブラシの手を止め、大きな鏡に映っている自分の顔を見つめながら考えた。そうか、この洗面台は誰も使っていないのだ。三人の同室者は歯磨きはもちろんのこと、洗面もしていなかった。入院して以来、食後にも、昨晩の消灯前にも、歯磨きをする音を聞いた覚えがない。

　食後には必ず歯を磨くこと、眠る前にも歯を磨き、洗顔クリームで顔を洗い、最後に一瓶四百円の資生堂の化粧水をパンパンと顔中にはたくこと。そして飛び散った水滴の跡が残らないように、鏡や水まわりを布巾できっちり磨いておくこと。検査入院の前までは当たり前だったいくつかの習慣をそのまま実行しただけなのに、それがこの部屋ではめずらしい行為になってしまった。

不意に、たった一人だという感覚におそわれた。たしかに四人のうちで一人しか洗面台を使わなければ、その病室では少数者となってしまうだろう。

これまで洗面台の前で儀式のように私が行ってきたことは、入院を余儀なくされた人にとって気が遠くなるほどのエネルギーを要する行為であり、体の細部が自分の意志にそって動いてくれることで初めて可能になる動作だった。熱が高くなり思いどおりに体が動かなくなれば、歯磨きや洗顔はまっさきに省略されていく。どれだけ白く輝いていようと、洗面台は不要の存在と化すのだ。

少し前とは打って変わりあまり音を立てないように、私は持参したピンクのプラスチックのコップでそっと口をすすいだ。

足音を立てないようにベッドに戻ろうとしたとき、ノジマさんのベッド脇のカーテンが十五センチくらい開いていることに気づいた。そこからノジマさんが目を開けているのが見えた。

その瞬間、反射的に、危険物を察知した動物のようにノジマさんの視線を避けようとした。しかし、ノジマさんはまるで獲物を狙った鷹のように、その目で私を捕らえた。

抵抗できずに、二人の視線は交錯した。

それはほんの一瞬だったはずなのに、とても長い時間のように思われた。

「こんばんは」と声を掛けることもできたはずだ。あとで振り返ってそう思ったのだが、そのときは声をかけるなど思いもよらなかった。ただただその視線から逃れたかった。ノジマさんの視界から消えよう、そのことだけを考えた。

昼間の、アキコさんに追いすがるような声がどこからか響いてくる。「アキコ〜、アキコ〜」というしゃがれ声が、今度は私に向けられる。看護師さんに繰り返された会話が、からみつくように自分に向かってくるに違いない。

しかし、まるで蜘蛛の巣に捕らえられた蝶のように、私はノジマさんの視線から逃れられない。しわに埋もれたようなノジマさんの目は、私の目を捕らえた瞬間にキラリと光った。その直後、ノジマさんは内出血のあざがまだ残っている口元を動かして丸く口を開いた。それは「ア」という音を発声する形だ。空洞のようにぽっかりと開いた口の中は真っ暗で何も見えない。そこから今にも言葉が発せられようとしている。

とっさに反対方向を向いて、私は病室から逃げ出した。

明らかに私は怯えていた。少し体が震えるような気がしたが、ナースステーションの前を走るのだけはやめようという判断力だけは残っていた。面会者がいなくなったラウンジはがらんとしていたが、照明は変わらず柔らかく、テレビの前には数人の男性患者が陣取ってナイターを見ていた。

私は洗面用具の入ったポーチを持ったままであることに気づき、そんな自分に少しあきれながら、窓辺の椅子に座ってライトアップされた東京タワーの赤い光を見つめた。

ああ、検査前なのに心臓に悪い。心なしか鼓動が早くなった気がして深呼吸をした。三回息を吸って吐くことを繰り返すうちに、だんだん落ち着いてきた。

なぜこんなに怯えているのだろう。カウンセラーとして、クライエントの恐怖につきあうことはめずらしくない。さまざまな被害を経験した人ほど、その恐怖がふくらんでしまうということを、私は痛いほどに実感してきた。混乱が落ち着くにつれ、この恐怖は以前にも感じたことがあると思った。記憶の中で一つの出来事が不意によみがえった。

二十代の半ば、精神科病院の心理職として専門家のスタートを切ったころのことだ。今から思えば非常にぜいたくな治療システムを目指していた病院だったので、精神科医は人数も多く若手が中心だった。医局には女性精神科医は一人しかいなかったが、四十代半ばの彼女は子育てをしながら急性期の男性病棟を担当し、週一度の当直もこなしていた。私のことをかわいがってくれ、サヨコちゃんと呼んだ。

「サヨコちゃん、子どもができても絶対に仕事を中断しちゃだめよ、男性はね、既得権を手放さないからね」

昼食後のコーヒータイムのおしゃべりの終わりには必ずそう言って聞かせた。

若手の一人である男性精神科医Aは、なぜかいつも私に議論を吹きかけるのだった。二十代半ばの生意気な若い女が真剣に反論するのがおもしろかったのかもしれない。しかしそんなAの態度に、どこかざらつくような感覚を覚えていたのも事実だ。七〇年代半ばという時代は、東大の赤レンガ闘争から始まった精神科改革のうねりが続いていた。青医連という言葉も存在価値を失っておらず、Aはそんな運動に加わった経験を持っていた。

「信田さん、アルコール中毒患者を知りたいんなら保護室をちゃんと見ておかなきゃだめだよ」

ある日めずらしく笑顔で話しかけてきたAは、彼の担当する病棟の保護室を案内してくれるという。心理室の大先輩から一か月にわたる綿密な研修計画を提示され、入職してからすべてそれをクリアしていたので、保護室研修は泊まり込みも含めて十分終えているという自覚があった。

しかしいつもシニカルな態度のＡが持ちかけた話を断ればいったい何を言われるのだろうという懸念から、「ありがとうございます」と笑顔でお礼を言い、仕事が終わってからその病棟の保護室に行くことにした。

Ａが担当していた病棟は、統合失調症の患者さんも混じっていたものの、多くはアルコールや薬物依存症の男性患者さんが入院していた。当時の開放病棟は入院二十年以上の患者さんを集めた病棟だけであり、Ａの病棟ももちろん閉鎖だった。

ガチャリと鍵を開け病棟に入ると、精神科病院特有のにおいが鼻を衝く。

主治医であるＡのまわりには「先生！　早く退院させてくれよ」と言って患者さんが群がってくる。先導しながらＡは、身をすくめるようにして付いていく私に向かって、「信田さんって物好きだなあ、アル中、おもしろいの？」と話しかけた。

「はい、心理なんてほかにやることないですから」

心細いことを悟られまいとはっきり答える私に気づくと、入院患者の男性たちが次々とそばに寄ってくる。物めずらしいのか、「何歳《いくつ》？」「今度心理テストやってよ」などと話しかけ、なかにはヒューヒューと口笛を吹く患者さんもいた。

触られはしないかと内心ひやひやしていたが、それは意地でも口に出すまいと思った。

「こんにちは」とわざと明るい笑顔を向け、うなずいて手を上げたりしながら、なんとかそれをやりすごした。男性の病棟に入ったとき、私はいつもそうするように努めていた。他の女性スタッフ（ＰＳＷや看護師たち）は怖そうな様子など微塵も見せなかったので、怯えている自分を気取られることだけは避けようと思っていた。

Aは、保護室の鍵をガチャリと開けた。

「ほら、禁断症状が激しいからよく見てごらん」

むかしの保護室は床に穴が開けられていて、そこから排泄するようになっていた。換気は不十分で悪臭が漂い、自殺防止のためか高いところにある小さな窓には手が届かない。裸電球が天井高くぶら下がっており、壁には排泄物が塗りたくられた跡があり、息の詰まりそうな空間だった。

目の前に座っている四十代くらいの患者さんは、薄汚れた毛布の上を一生懸命指でつまみ、「いっぴき、にひき……」と数えている。毛布の上を這いまわっている無数の虫を一匹ずつ殺しているのだ。彼の状態が、小動物幻視というアルコール依存症（当時はアルコール中毒といった）特有の離脱症状ということは、本を読んで知っていた。

「まだ虫がいるの？　ほかには？」

Aは毛布の端に膝をついて患者さんの顔を見ながら質問をした。これからのやりとりをちゃんと見ておこうと、私は二人から少し離れて膝をついた。

そのとき、急に立ち上がったAはそのまま保護室を出てしまった。

背後でガチャリと扉が閉められ閉じ込められた私は、白衣のポケットにある鍵をギュッと握りしめ、身体を固くして患者さんの様子を見つめた。

突然、その患者さんは虫をつまむのをやめ、毛布から視線を上げ私のほうをじっと見つめた。彼の目の焦点は最初はぼんやりして定まらなかったが、しだいにその光が変化していき、ある瞬間にはっきりと私の目を捕らえた。二人の視線が交錯したのと同時に、彼は手を差し出し、少し黒ずんだ指を私のほうに伸ばした。それが私の身体に触れようかという瞬間、そして私が保護室のドアのほうに向けて後ずさりを始

めようとした瞬間に、ガチャリと音がしてAが戻ってきた。

「ごめんごめん、患者同士のけんかが始まっちゃってさ」

笑いながら入ってきたAは、私の表情を見て驚いた顔をした。おそらく蒼白になっていたに違いない。

その保護室での出来事と、それ以降に起きた病院での一連の顚末《てんまつ》は、記憶から抹殺したいほどにつらいものだった。Aはその場では私を心配してみせたものの、医局の医師たちには、信田さんはコワガリだ、患者のことを怖がって震えていた、と吹聴した。かわいがってくれた女医さんが気をつかってこっそり教えてくれたのだ。

精神科病院は閉鎖社会だ。噂はまたたく間に病棟、病院全体の職員にまで伝わった。私は気丈にふるまっていたものの、いたくプライドを傷つけられることになった。精神科病院の心理職として、患者さんを怖がっているということは専門職として失格である。そう考えていたのだから、最大の弱点を暴露されたことになる。

おそらくAはそのことを知っていたのだろう。そのうえでわざと保護室に私を誘ったのかもしれない。Aがどんな顔で私のことを笑いものにしたのかを考えるだけで、身体が震えるほどに恥ずかしく腹立たしかった。

やがてその病院を辞めることになり、Aのことも保護室のこともいつのまにかすっかり忘れてしまったはずだった。私は自分のことを楽天的と思っていたし、家族からも「そんなんじゃや、絶対長生きするよね」と言われるほど気分の切り替えが早かった。だからこそ今日までカウンセラーの仕事を続けられたと信じていた。トラウマなんて、仕事以外では自分とは無縁だと考えていた。それが、ノジマさんの目を見た瞬間、あの記憶が一気に生々しくよみがえったのだ。

東京タワーのきらびやかな赤い光を頬杖をついてぼんやりと眺めながら、やはりあれは「狂気への恐怖」だったのかもしれないと思った。その恐怖は今でも私の中に潜伏しており、なんらかの引き金で一気に目を覚ますのだ。

ノジマさんの目の光、自分を捕らえて放さなかったあの獰猛な光に、私はたしかに狂気の片鱗を見た。わずか一瞬の視線の交錯が、遠いむかしの恐怖を思い起こさせたのだった。

瞬殺という言葉がある。相手を一瞬にして射抜く目ヂカラ、におい、言葉などは、恋に落ちるきっかけとしてしばしば肯定的に語られる。これはフラッシュバックとよく似ている。多くの女性は（ときには男性も）、さまざまな引き金によってフラッシュバックを経験する。音やにおいといった外部から訪れる物理的刺激によって、過去の記憶が侵入するように想起されるのだ。

私の場合は、フラッシュバックの引き金が、目だった。保護室での男性患者さんの目とノジマさんの目が重なったのである。ひょっとして私は目に弱いのだろうか。残念ながら、これまで男性の目に瞬殺されたことはない。とすると、これも一種の職業的習慣なのかもしれない。

狭いカウンセリングの面接室でクライエントと対峙するには、会った瞬間、言葉をかわす前に目から多くを汲み取っているのかもしれない。意味や感情というより、もっと原初的なものだろう。相手と丸腰で会う私は、こうして自分を守ってきたのかもしれない。

共感なんてしたくない

先ほどは駆けるようにして通り過ぎたナースステーションの前を、今度はとぼとぼとうなだれて歩いた。立ち止まって横目で眺める半円形の世界はまるで舞台のように輝いている。看護師たちがきびきびと立ち働いているそばで、若手の医師がパソコンの前に座って難しい顔をしている。厨房がガラス越しに透けて見えるレストランのようだが、私が立っている世界とナースステーションのあいだにはなんの仕切りもない。輝く舞台の世界にそのまま入っていけるように思える。

かつての病院は、ドア越しにガラスを叩いて看護師さんを呼ばなければならなかった。それに比べると、今では大きな病院のほとんどが開放的ナースステーションへと変貌を遂げている。

でも、ほんとうにそうだろうか。力が奪われてしまい、悄然《しょうぜん》という表現がぴったりの気持ちの私は思った。

パジャマ姿で廊下をよろよろ歩いている自分と、あの光に満ちた世界とのあいだには目に見えない境界がたしかに存在する。それを乗り越え一歩足を踏み入れれば、ここは異なる空気が流れているに違いない。

ひょっとして私の職場でカウンセリングを待っている人たちの目には、受付のガラス越しの世界はこのように映っていたのだろうか。でもそこにはドアと壁、ガラス窓という境界が目に見える装置として厳然と存在している。カウンセラーにとってあの境界は生命線なのだから、自由に入られては困るのだ。

それに比べると、病院＝医療の世界の開放ぶりはどうだろう。最近の精神科クリニックも受付と待合コーナーの境目がない設計が流行っている。気落ちした私は、初めてそれが見せかけにすぎないと感じた。壁はある、壁はあってもいい。それなのにまるで壁がないかのように設計されることは、もっと強固な壁をつくられているのかもしれないのだ。

「あ〜あ、やな感じ」

滅多につぶやかない言葉を思わず口にしながら、自分の病室にこっそり戻った。ノジマさんもロシア人も静さんも寝入っているようだ。灯りは消えカーテンは閉まっている。薄暗い病室のカーテンに囲まれた世界で、一人だけ灯りをつけてパソコンを起動させた。しかしメールチェックする元気もなくすぐに横になった。

何がこんなに疲れさせたのだろう。目を閉じて振り返った。

ノジマさんと目が合ったことを引き金に自分に起きたことは、一種のフラッシュバックだ。仕事柄、PTSD、被害、解離などと並んでフラッシュバックはフラバと省略するほど馴染みの深い言葉だ。DVの被害者のグループカウンセリングを実施していると、多くの女性たちがフラッシュバックに苦しむ様子に触れなければならない。突然襲ってくる感覚、降って湧いたように脳裏に浮かぶ記憶に苦しみ、彼女たちがほとほと疲弊してしまう様子をよく知っていた。でも自分が経験したのは初めてだった。

「フラバってこんなに疲れるんだ……」

だからといって、経験しなければ何事もわからないと考えるわけではない。大きな災害が起きると、被災者に共感するためには同じ苦しみを経験していなければならない、そうでない共感は偽物だ……といった言説がはびこるのがたまらなく嫌だった。目の前に「共感します」という札をぶらさげているようなカウンセラー志望の人たちを嫌悪するあまり、こっそり「共感しないカウンセラー」と自称するほどだ。

そもそもあの精神科病院に勤めたのだって、自分の棲んでいた世界からもっとも遠いところにあるからだった。だから勤務初日は武者震いをしてしまったのだ。長いカウンセラー生活を振り返ってみても、ほとんど自分では経験がないことだから楽々と仕事をこなしてこれたと思う。

そう、しょせん「他人事《ひとごと》」なのだ。

こんなショッキングな表現すら私はためらわない。他人事だから聞けるのだし、経験がないからこそ精いっぱいの想像力と脳髄を絞り込むほどの知識と論理的思考力をフル稼働させて聞く。そうやってカウンセラーとして歩いてきた。はたしてそれが「共感」といえるのかどうか。

フラッシュバック後の脱力感と疲労感に圧倒され、ベッドに横たわってしまった自分の姿を顧みて、「だから共感なんかしないほうがいいんだ」と妙に私は納得した。


消灯前に担当看護師が検温と血圧測定のために訪れた。しおらしく横になっている私の手をとって血圧を測定しながら、「信田さん、はい大丈夫ですね」とにっこり笑った。じっくりと顔を眺めると、目と目のあいだが少し離れているので、美人ではないけれどゆったりとした空気に包まれるような気分になる。手に触れられること、笑顔を向けられること、大丈夫ですねと言葉をかけられること。短い時間だが、私は看護師に身を任せることがどれほど心地よいことなのかをしっかりと味わっていた。ここがカウンセラーと異なるところだと思いながら。

身体に触れられることで発生する関係性は、カウンセリングでは得られないものだ。せいぜい「はい、深呼吸して〜」と、リラックスしてもらうため声かけをするくらいだ。

手を握られることで得られる安心感、少し疲れたときに「お熱、いかがですか」とベッド脇から額に触れられたときのうっとり感を思い出しながら、入院とは身体を預けることであり、身を任せることが許される経験なのだと思った。

看護師は向かいのロシア人のベッドのもとに去って行った。その気配の名残りを肌で感じながら、まだ九時だというのにあくびが出た。ふだんならパソコンに向かって頭脳をフル回転させているころなのに、心地よさで全身の神経が弛緩してしまったようだ。しかしあと三日もすればこの世界から去らなければならない。自分で自分の身体を支え、さまざまなことを選択しなければならない世界に戻っていくのだ。

ロシア語しか話せない向かいのベッドの女性を相手に、看護師は苦労していた。英語で尋ねても通じない。あきらめたのか今度は日本語で尋ねている。

「ご飯は食べられましたか？」「眠れましたか？」

ロシア人の彼女が話せる日本語はたった一語、「イ・タ・イ」だった。

友人から教えられたのだろうか、それほどずれていないタイミングでそれを使った。

「はい、体温計を見せてください」

「イ・タ・イ」

「特にお熱はありませんね」

「イ・タ・イ」

よく耳を澄ましていると、アクセントのつけ方を微妙に変えている。最初の「イ」にアクセントを置いたり、真ん中の「タ」を高く強く発音したり、彼女なりに努力をしているのがわかる。言葉も通じない異国の病院で二日後にカテーテル検査を控え、たった一語「イ・タ・イ」だけで看護師とコミュニケーションをとっているロシア人女性のことが、ふと、いとおしく思えた。

九時半をまわったころ、ロシア人が起き上がってトイレに入った。その後を継ぐように入口脇の静さんがゆっくりと時間をかけて起き上がり、点滴棒をごろごろと引きずりながらトイレに入った。消灯前の慌ただしい雰囲気を感知したのか、それともトイレのドアの音に反応したのか、隣のベッドでノジマさんが目を覚ましたようだ。

面会に来た娘とのマルジューをめぐるやりとり、その後のナースコール乱打事件、夕食時の盛大な物音……そして私の視線を捕らえた獰猛なまなざし。展開の激しい劇がカーテン越しに繰り広げられ、想像力をいやでも掻き立てられる経験によって、私はいつのまにかノジマさんの動静にいっそう神経をそばだてるようになっている。

寝返りを打つときの寝具の擦れる音、呼吸に伴って起きる空気が漏れる音、唇のぴちゃぴちゃという音。そのたびにノジマさんの姿がカーテン越しに透けて見えるような錯覚に陥った。

——今ごろ目がさめてしまったら、消灯時間を過ぎてもノジマさんは眠くなるどころか、ますます覚醒していくのではないだろうか。

私は不安に襲われた。二時間近く前に見たあのノジマさんの目が生々しくよみがえる。ノジマさんが再び眠りに落ちてくれるように、祈るような気持ちだった。ところがベッドから聞こえてくる音は、いっそうさかんになっていくのだった。

十時ぴったりに灯りを消した。それを見はからっていたかのように、隣のベッドからはうめき声が始まった。

「う〜ん、う〜ん」

かすかだけどはっきりとした音が、等間隔で聞こえてくる。そのうち、うめき声に言葉が加わるようになった。

「う〜ん、う〜ん」「いたい〜、いた〜い」「う〜ん、う〜ん」

私の耳はノジマさんの発する音に占領されてしまった。薄暗い病室で左隣から聞こえてくる奇妙にリズミカルな音と声は、しばらくのあいだ続いた。

残りの二人にはこの音は聞こえていないのだろうか。一対一ではノジマさんに圧倒されそうだから、残りの二人に仲間になってほしい。そんな希望は打ち砕かれた。ほどなくしてロシア人と静さんのいびきが微かに空気を振動させはじめたのだ。ノジマさんの声はかぼそくて向かい側のベッドには伝わらないのかもしれない。

このままうめき声が続くとしたら眠れそうもない。悪い予想が的中したことで私は途方にくれた。

そのうち、ノジマさんは切り札を出した。

「かんごふさ〜ん、かんごふさ〜ん」

隣から聞こえてくる声の組み合わせは少し複雑になった。

「う〜ん、う〜ん」「いた〜い、いたい〜」「かんごふさ〜ん、う〜ん、いた〜い」「かんごふさ〜ん」

どことなくお経のようでもあり、悪夢のようにも聞こえるノジマさんの声は途切れることなく続く。昼間とは打って変わった弱々しい声なので、もちろんナースステーションに届くはずもない。

それにしてもどうしてナースコールを押さないのだろう。私がそう考えたとたんそれを見透かしているかのように、ノジマさんはナースコールのボタンを押した。

「ノジマさん、どうしましたか？」

パタパタという音を立ててすぐに看護師が飛んできた。

「かんごふさ〜ん、かんごふさ〜ん」

ノジマさんは相変わらず死にそうなかすれ声で呼び続けている。

「はい、ここにいますよ。ノジマさん、どうしましたか？」

消灯後のことでもあり、看護師は声をひそめている。

「痛いんです、痛いの、いたい〜」

「痛いんですね、どこでしょう、どこが痛むんでしょう」

小さな声で尋ねているのは、昼間とは違う看護師だ。ノジマさんのことは申し送りされているはずだ、と私は考えた。


「ここ、ここが痛いの」

衣服の擦れる音がして、身体の一部を見せている様子が伝わってくる。

昼間と同じだ。

部屋の薄暗さ、ノジマさんの声の弱々しさは大きく異なっているが、ノジマさんが看護師に対して訴えていることはほとんど同じだ。

私は既視感に襲われた。耳をそばだてて聞いてみようという好奇心をはるかに凌駕する現実に頭がくらくらする。また、あのようなやりとりが繰り返されるのだろうか。

昼間はどこかでノジマさんの悲鳴にも似たナースコールに納得していた。ところが、夕食後に経験した一瞬の視線の交錯によって何かが変わってしまった。あの瞬間たしかに私はノジマさんの目に狂気にも似た獰猛さを感じ、それは逃れることも、抗うこともできないものとして私を恐れさせた。

老人ははたして非力であり、一歩一歩死に近づいている存在なのだろうか。介護の対象としてケアを必要としている存在なのだろうか。

私は捕獲され、狂気の網で絡めとられることで、ノジマさんが老人という定義を超える存在に思われた。しわだらけの顔、やせ細った手足、そして内出血の治りきらない跡。枯れ果てた体躯だからこそ、そこに収まりきらない狂気や恨み、欲望、切望といったものがいっそう露わになって湧きあがり、あふれ出てくる。それはケアを与える対象ではなく、あらゆるものを取り込みながら決してそれで内部が満たされることのない、妖怪じみた存在だった。

ふと、宮崎駿のアニメに登場するキャラクターを思い浮かべた。そう言えばノジマさんの今夜の声は、まるで底なしの井戸から吹き上げてくる風のようだ。そんな私の恐怖感を鎮めるかのように、やわらかな声で看護師はノジマさんに伝えた。

「はい、ここですね、お薬を塗っときますね」

しばしのあいだ、ひそやかに肌をさする音が隣から伝わってきた。

夜のしじまの果たし合い

パタパタと靴音をさせて看護師が去ってから、ノジマさんのベッドにはしばらくのあいだ静寂が訪れた。

奇妙に動かない空気、身じろぎの気配の消失。それらはかえって私を緊張させた。

今だ。この機会を逃したら眠りにつくチャンスはなくなってしまう。懸命に眠ろうとして目をつむったが、脳裏に浮かんだのは午後に繰り広げられたあのナースコール連打の記憶だった。これで収まるだろうとほっとしたとたん、そんな私を見透かすかのようにノジマさんはナースコールのボタンを押して看護師を呼ぶ。それが何度繰り返されたことだろう。

あのときの感覚は自分がまるで麦踏みの麦になったようだった。ノジマさんはこれで静かになってくれるだろうという期待の芽は、わずかに頭を出したとたん潰された。私の気持ちが全部見透かされてしまっているかのように、次々と期待は踏み潰されていった。だから今の私には、この静寂がずっと続くとは思えなかったのだ。つかの間の平安はすぐに終わりを告げ、ノジマさんは再び、あのかすれた声でうめき出すに違いない。それは十五分後か、それとも一分後かもしれない。気がつくと奇妙なことにその瞬間を今か今かと待ち構えているのだった。

そんな自分に気がついたとき、カウンセリングで出会った多くの被害女性たちのことが思い出された。個人カウンセリングやグループカウンセリングをとおして長年聞いてきた虐待やＤＶ被害を受けた女性たちの語る経験と、自分が病院のベッドで経験したことはどこか共通していると思った。

《母は私が学校から帰るのを毎日待ちかまえていました。少しの休憩も与えずバイオリンの練習をさせるためにです。拒んだら何をされるかわかりません。なんとか自分の自由になる時間が欲しくて、ある日のこと、回り道をしようと公園のブランコの脇で休んでいたら、そこに不意に母親が現れたのです》

《二回の調停を経てＤＶをふるう夫と別れることができ、子どもと二人で新しいマンションに引っ越しました。生活も落ち着いたある日曜日、子どもといっしょにアニメの映画を見に行ったのです。帰宅したら、玄関先の自転車の荷台の中に、さっき見た映画のパンフレットが入っていたので、ぞっとしました。きっと別れた夫がやったに違いありません》

いつのまにか自分の動静が相手に伝わってしまっているという実に怖い話である。ところが、二人のエピソードに対してグループのメンバー全員は驚きもせず、「あるある、そんなこと」とうなずいていたことが印象的だった。

ブランコ脇で母に見つけられた女性は、それから一切の抵抗をあきらめてひたすら母に従った。ＤＶ夫と別れた女性は、知られているはずもない新住所に映画のパンフレットを発見し、前夫からの監視を直感した。二人とも、もう抵抗できない、どうしたってけっきょく無理なんだ、そこから逃れることなどできないという絶望感と底知れない恐怖を抱いたという。

暴力被害とは、少女がバイオリンの練習をさぼって母から殴られた痛み、夫のＤＶで肋骨が三本折れた痛みだけではない。それを逃れるために一縷の望みを託した行為が無残にも突然潰されてしまうことによっても生じる。いうなれば、逃《のが》れようのなさと、希望に通じる道が遮断されたという感覚、自ら選択したかに見えて実は相手にすべて見透かされているという感覚に支配されることが暴力被害の恐ろしさなのだ。そこでは自由という言葉すら立ち上がることはない。

これを裏返せば、加害とは何かが見えてくるだろう。暴力とは相手の行為の文脈を切断し驚愕と恐怖を与えることで、人間としての自由意思を根こそぎ奪うものである。

ＤＶや虐待の被害女性たちのグループカウンセリングをとおして、こうしたことを私は考え続けてきた。私はもともときっちりと割り切ることが苦手だったが、なぜか「加害・被害」という二項対立的な言葉だけは、それほど抵抗なく使うことができた。

ノジマさんはすぐに、うめきはじめるだろう、そして私を眠らせないようにするだろう。いつのまにかそんな非合理な考えは確信に近くなっている。真衣が病院にいた時間には、マルジューで買い物をしたいというかわいそうな老人だったノジマさんは、消灯後の今、私を過去にフラッシュバックさせ期待の芽を潰す存在へと変貌している。

そうか、これはプチ被害体験なのだ。クライエントの女性たちのように、ノジマさんにとらわれてしまっているのだ。眠りを妨げられていると考えていたが、それは期待が切断された恐怖によるものかもしれない。

ノジマさんにまつわるこれらの記憶の切片が、頭の中で一つずつつながることで、どこか不気味だった全体の相貌が変わっていく。それに伴って、不眠のまま長い夜を耐えていくしかないと考えていた世界がふっと明るみを帯びる気がした。

よく考えれば、この事態を避けることはいくらでもできるはずだ。自分だってナースコールの権利はあるのだし。ノジマさんは導尿の管や点滴の管に囲まれて横たわっているが、少なくとも今の自分は歩いてトイレやナースステーションに行くこともできる。

それにしてもさっきのフラバといい、今回のとらわれの恐怖といい、入院しているとほんとうにクライエントから聞かされたことを追体験できるものだ。けっこう今回の入院はお得だったかもしれない。なーんだ、と思ったら、体から力が抜けて少し元気を取り戻した。そして今度こそ眠りにつけると勢い込んだ。そのとき、ノジマさんのベッドからピチャピチャという口の開け閉めのたびに起きる舌の音が聞こえはじめた。のどから空気が漏れる音もする。予想どおりノジマさんの活動が再開されたのだ。

しかし私の反応は前とは違った。どうせ眠れないのなら耳を澄ましてすべてを聞いてやろう、ついでに隣のベッドの前を通ってノジマさんの姿をのぞき込んでやろう、と思った。少しだけわくわくしながら、好奇心全開になった私は、暗がりで全身の神経を隣のベッドに集中させ臨戦態勢に入った。

「う〜ん、いた〜い」

うめき声はかすかだが、身体の向きを変えるときのシーツが擦れる音がする。

「ハー、ハー」という息切れのような音も混じっている。先ほどのナースコールのときに比べると、どこか遠慮がちに聞こえるのは気のせいだろうか。すっかり観察者気取りになって、うめきはじめてからどれくらいでナースコールのボタンを押すのだろうとタイムを計ってみようかと思った。

「いた〜い、いた〜い」

ところがノジマさんは、小声でうめいているのだがいっこうにボタンを押さない。それにうめきはじめてから少しだけ間が空いたりする。

以前の「いた〜い」では、声がだんだん大きくなり、最後にナースコールのボタンを押して看護師が飛んでくるという直線的経過をたどった。聞いている私も、うめき声開始から看護師到着までの時間がだいたい予想できたのだった。しかし、まるで私のそんな意気込みや観察意欲を逆手にとるかのように、ノジマさんのうめき声は少し大きくなったかと思うと少しずつ小声になり、間が空いたかと思うと「う〜ん、う〜ん」と連続した。

この不定期な非連続性は、耳を澄まして計測している私にはあまり心地いいものではなかった。もともと不眠気味だったので、今回の入院に際して睡眠導入剤を処方してもらっていた。不定期なノジマさんの声と音を聞いているうちにだんだん嫌気が差し、臨戦態勢をこのあたりで打ち切ろうと思った。そして床頭台の引き出しを開けて薬を取り出そうとした。

これまで体を縮めるようにして様子をうかがっていた私が上半身を起こしたとたん、ノジマさんのうめき声がピタッと止まった。

驚いた。

単なる偶然なのか、それとも隣のベッドの異変を聞き取ったからなのか、空気の流れを五感で感知したからなのか。私がずっと耳を澄ましていたように、隣のベッドからノジマさんも耳を澄まして私の様子をうかがっていたのだろうか。

いや、そんなはずはない。「う〜んう〜ん」とうめいているときは、自分の身体感覚を追うだけでせいいっぱいのはずだ。痛みに襲われているとき、隣のベッドに関心を向ける余裕などないはずだ。あり得ないことだと考えながらも、あまりの符合、あまりの同調性が薄気味悪く感じられた。

私はそんな気持ちを振り払うように手早く薬の袋を取り出し、カプセルを指で押した。プチッというひそかな音は、消灯後無音世界となった病室全体にくっきりと響きわたった。それからミネラルウォーターのペットボトルの蓋を開け、ごくごくとのどを鳴らして睡眠導入剤の白い粒を二つ飲み込んだ。

一つとして同じ音はない。これらの物音はノジマさんの耳に入っているのだろうか。薄暗い病室での私の行為すべてが無数の音を発していることに気づかされた。

隣のベッドは、じっと聞き耳を立てているかのように静かなままだ。

再び横になり、私はベッドの上で目を閉じて薬が効いてくるのを待った。

ノジマさんの静寂が続くにつれ、穏やかに眠りの海に滑り込んでいった。どれくらいの時間が経ったのだろう。突然ノジマさんの声で目が覚めた。

「痛い、痛い」

はっきりとした発音である。それに声も違う。これまでのようなしゃがれ声ではなく、誰かに話しかけているような、明晰で低いトーンである。一瞬そばに誰かがいるのではないかと思ったほどだ。

他の二人は相変わらずぐっすり眠っている。ノジマさんの声は隣の私にしか聞こえていないのだ。

「痛いんだ、痛い」

「痛いよ、痛いよ」

「ああ、もういい加減にしとくれ」

さっきまで「いた〜い」としゃがれ声でうめいていたノジマさんが、はっきりと発音するようになった。ナースコールを押す気配もなく、誰に向かって語っているのか。応答してくれる人は誰もいないはずなのに。

それにしても眠い、こんなふうに起こされて、と腹が立った。眠い頭でぼんやりと思いをめぐらせていたが、突然雷に打たれたように目が覚めた。ひょっとしてノジマさんは隣のベッドの私に向かって訴えているのではないだろうか⁉

私はベッドから起き上がった。薬のせいで少しだけ頭がふらふらするが、かまわずスリッパをはいて一目散にナースステーションに向かった。

煌々とした灯りのもとで、夜勤の看護師たちが忙しく動いている。時計を見るともう夜中の零時をまわっている。めざとく見つけた看護師が近づいてきた。「どうしましたか？」という質問が出る前に、私は一気に伝えた。

「あの〜、〇〇号室の信田ですが、隣の患者さんの話し声が聞こえて眠れないんですけど。いったん眠ったんですが目が覚めてしまって」

「ああ、お隣はノジマさんですね、はい、わかりました」

そう答えると、彼女はすぐにノジマさんの担当らしき看護師と小さな声で相談を始めた。もちろん詳しくは聞き取れなかったが、よく使われる睡眠導入剤の名前が聞こえてきた。

「こちらで対応しますので、信田さん、ベッドにお戻りください」

にっこりと笑った看護師の顔を見たとたん、ほっとして思わず涙が出そうになった。おそらくナースステーションにやってきたときの私は、こわばって必死な顔をしていたに違いない。


行きとは違って少し落ち着いた足取りで私は病室に戻った。病室の入口右手にはノジマさんのベッドがある。思い切って立ち止まり、閉じられたカーテンの向こうで横たわっているはずのノジマさんを一瞬だけ凝視した。そして自分のベッドに戻って横になった。その直後、パタパタという音を立てて二人の看護師が病室にやってきた。

「ノジマさん」

小さな声で呼びかけてからカーテンを開けた看護師は、ノジマさんに語りかけた。隣の私のことを思ってか、耳元でひそひそ声で話しているので内容はまったく伝わってこない。

「あい……あい」

ノジマさんはおそらく「はい」と言ったつもりだろうが、「あい」としか聞き取れないほど神妙に答えている。その声は以前のしゃがれ声に戻っていた。

深夜のためか、すべてのことがらは音を立てないように注意深く、言葉を介すことなく運ばれた。それは粛々と進む儀式のようだった。カーテンの向こうの看護師二人の手際よい動作が目に見えるような気がした。ノジマさんのベッドはそのままストレッチャーと化して、二人の看護師によってナースステーションのほうに運ばれていった。病室にはノジマさんが運ばれていく際の空気の振動と遠ざかっていく床を滑る音だけが残された。

こうして左隣のカーテンの向こうは、再び何もない空間となった。いつのまにか眠りに落ちていた。

入院三日目　3月28日（日）

日曜昼前、余韻と予感

きのうと同じ今日のはずなのに、なぜか空気が違っている。携帯の画面を見ると、今日は日曜日だった。金曜に入院して三日目ともなると、すっかり曜日の感覚がなくなってしまう。日曜日の病棟は、看護師や清掃担当者などの動く速度が心なしかきのうまでよりゆっくり感じられた。

医療関係者の宿命ではあるが、日曜出勤することの大変さは、月一回日曜出勤している私にはよくわかった。日曜の原宿は、表参道をまっすぐ歩くことができないほどの混雑ぶりである。精いっぱいのおしゃれをした若者たちのあいだをかきわけて仕事から帰るときの気分は、お祭りの高揚感に満ちた通りを、スーパーから大根やじゃがいもを買って帰るときのどんよりとした感覚と似ている。自分だけが疎外されているような、妙な感覚だった。

「信田さ〜ん、お食事ですよ〜」

朝食を運んでくる声はいつもと同じ男性だったので、睡眠不足気味だったけど少しほっとした。それと同時に、どんなことがあっても時間になると律儀にお腹が空いてくる自分に驚いていた。

朝食はパンだった。野菜サラダとヨーグルト、マーガリンとイチゴジャムがついている。コーンクリームスープは熱々で、空腹においしさがしみわたった。

カーテンにさえぎられているので左隣の空間を見ることはできないが、しんとして動かない空気から、昨晩までそこにあったベッドの不在が伝わってくる。去っていったノジマさんのことを思った。

ひょっとしてノジマさんは、私と話がしたかったのではなかったか。隣のベッドに横たわっている、けっこう騒がしい患者だった私と、なんらかの交流をしたかったのかもしれない。寝たきりのまま、まだ見ぬ相手とつながり交流するためには、「痛い」という言葉を発することがいちばん確実で有効であることを、おそらくノジマさんは知っていたのではないだろうか。

思いをめぐらせながら頭を振った。

いや、そんなはずはない。あれは夜間せん妄に近かったのではないだろうか、と専門知識をふりしぼって考えた。それに万が一交流を求めていたとしても、昨晩の自分はそれに応じることは不可能だった。どう考えても無理だった。そう結論をつけられたことで少しだけほっとしたが、繰り返し襲ってくる感覚を拒むことはできなかった。

ノジマさんをこの病室から追い出したのは自分ではなかったか――。

フラバってしまったことは私の個人的問題であり、ノジマさんに何の咎《とが》もないはずだ。だから、その後のノジマさんがどうなったか看護師に聞くこともはばかられていた。

仕事柄、一つのことで頭の中を占領されないようにする術に長けている私は、気分を変えるためにあまり好きではないヨーグルトを顔をしかめて食べた。朝食を完食してから、ベッドを降りて右手のカーテンを全開し、晴れた空と眼下に広がる光景をぐるっと見渡してから、ナースステーションに行ってシャワールーム使用を申し込もうと決めた。

シャワールームの予定表を見ると幸いにも午前中は空いていた。急いで名前を書き込み、ふっと目を上げた。視線の先をさえぎるように、ナースステーションの右手なため奥に二本の衝立《ついたて》が立っていた。その下の隙間からのぞいているのはベッドの足である。

看護師が一人、衝立の向こうから出てきた。その向こうを見たくて、楕円形のナースステーションの反対側に回り込み、さりげない様子で衝立の向こうをのぞいた。うまく角度が合ったのか、その位置からはっきりとベッドを見ることができた。予想どおり、そこにはノジマさんが横たわっていた。

少しベッドが起こしてあるためか、まじまじとノジマさんを眺めることができた。内出血の跡は黄色く変色しており、隣に付き添っている看護師からスープを飲ませてもらっている。スプーンを口にするたびに、子どものように、このうえなくおいしそうな表情を見せるノジマさんを見ていると、昨晩の出来事がまるで夢のように思われた。きっと昨晩と同じピチャピチャという舌の音をさせながら飲み干しているのだろう。私の中に残っていたわだかまりが溶けていくようだった。

私はシャワーを済ませて、昼食までの時間をどう過ごそうかと考えた。

空き時間がわずかであればあるほど、その使い方を考えていると幸せな気持ちになれるものだ。講演からの帰路、空港でフライトが遅れるというアナウンスを聞いたとき、次の仕事に移動するまで一時間だけ余裕があるとわかったとき、エアポケットのような時間にはまりこむ。すぐに終わってしまうひとときだからこそ、それをどのように使うかの自由さに胸が躍った。

わくわくしながら考えた末、ラウンジで本を読もうと決めた。テレビの音、携帯電話をかける声、知人と会話する声などが飛び交っていても、カフェと同じだと思えば平気だ。何冊も持ち込んだ本の中から分厚い一冊を選び、ブランドもののエコバッグに入れてさっそうとラウンジに向かう。

ラウンジは日曜だというのに、午前中のせいかガランとしている。いつもは窓際と決めているが、さすがに陽光が暑く感じられたので、エレベーター近くのコーナーに陣取って長編小説の続きを読みはじめた。

一人の初老の男性がやってきて、窓際の角の椅子に座り、リモコンでテレビのスイッチを入れた。そして、ちらりと私のほうを見てから消音モードにした。

読書の邪魔になるから音を消してくれたのだろう。そんな心遣いをされたことに少し感動した私は、その男性のほうを見て軽く会釈をした。真新しいベージュのパジャマ姿の彼もそれに気づき会釈を返した。

ふたたび本に視線を戻した私の頭は、まったく別のことでいっぱいになっていた。還暦を過ぎた女性が入院先の病院で知り合った男性と言葉を交わしそして恋に落ちる……。せっかく入院したのだから、これくらいの妄想は許されてもいいだろう。そう考えると心なしかドキドキしてきた。

ちらりと盗み見した彼の横顔は、なかなか品がいい。きっと入院したばかりに違いない。何歳だろう、どんな病気で入院しているのだろう。もちろん結婚はしてるはずだ、ひょっとして妻と死別していたりして……。孫がいるのかもしれないなあ。読書にふけるかに見えて、はてしなく広がる想像の世界に遊んでいた。

少しにやけた顔で字面《じづら》を追っていた私の耳に、机の上に荷物を置くドサッという音が聞こえた。目を上げると、そこには全身紫の女性が仁王立ちになっている。よく眺めると、紫の地に細かいラメの入った刺繍がほどこされたスーツ姿である。ラウンジの机の上には、両手で運んできたらしい旅行鞄と大きなショッピングバッグが置かれている。でっぷりと太ったその女性は、二重あごや目の下のたるみなどからおそらく五十代後半だと思われた。腰回りにかけてスーツの紫のボタンははじけそうになっている。厚いファンデーション、光沢のあるチーク、さらに口紅の上に塗られたグロス、くっきり過ぎるほど引かれた眉からは、相当時間をかけてメークしたことが一目瞭然だ。遠目にも、顔全体がピカピカの光沢を放っていることがよくわかる。髪にはソバージュ風のパーマがかかっているが、毛は薄くなっているので地肌が透けて見える。

「はあ〜」

深いため息をついた彼女は、額にしわを寄せて病棟の方向を不機嫌そうに眺めた。履き慣れないハイヒールに足がめりこんでいる。

その視線の先から、背広姿の男性がひょこひょこと小走りにやってきた。

「何しとっと！」

紫の女性が男性に向かって抑え込んだ声を浴びせる。男性は女性と同年代だろうか。背丈は女性と変わらず、髪の毛もまばらで小太り、くたびれた背広のお腹の部分ははち切れそうになっている。目尻が下がってどこか愛嬌のある顔立ちは、テレビでおなじみのお笑いタレントにそっくりだ。

叱責された彼は、無言のままだ。先生に叱られた生徒、いや母親に叱られた息子のようにおどおどした表情で妻の顔を見ることもできず、そっと机の上の旅行鞄を持とうとした。

「余分なこと、せんでええ！」

再び怒声が浴びせられる。

ほとんど同時に、テレビの音が流れはじめた。消音モードにしてくれたあの男性が、ここでテレビの音を流したほうがいいと状況判断したのだろう。

さすがに居心地の悪さを感じていた私は、そのナイスな判断に救われる思いがした。それどころか、これでゆったりとこの二人を観察することができると思った。心なしか彼のほうも、テレビを見ながらチラチラとそのカップルを気にしているようだ。

ピカピカの紫の女性とおどおどした毛の薄い男性は、やりとりからしておそらく夫婦だろう。妻が退院することになったので、夫が迎えに来ているに違いない。紫のラメ入りスーツと念入りなメークは、やっと退院できることになった喜びの表れだ。しかし、なんらかの理由で妻は夫の態度に腹を立てている。私はそれまでの展開からこのように推測した。

夫は額に汗をかきながらやたら手を揉んだり、左右のポケットに交互に手を入れて物を探したかと思うと、携帯を取り出してメールをチェックしはじめた。しかしいっこうに妻の怒りは収まりそうにない。妻の態度におろおろしながら、どうしていいかわからないという風だ。

突然、紫のピカピカ女性はカバンのチャックを開け、中の物を一気に全部机にばらまいた。夫はびっくりして身動きできず凍りついている。

「フン！」という鼻息とともに、妻はそれらの中身を一つずつ再びカバンに入れはじめた。洗面ポーチ、スリッパ、本、コップ……自分がしばらくのあいだ病院で過ごした痕跡の残る品々を、一つずつ確かめるようにカバンに収めている。

我に返った夫は、自分の役割が見つかったとばかりにそれを手伝おうとした。ところが妻は、その手をバシッと叩き、払いのけた。

次は大きなショッピングバッグの中身が同じように机にばらまかれた。紫のカーディガン、ピンクのパジャマ、そして紫の靴下が、まるでサンタクロースの袋から溢れ出るように机の上に散乱した。

妻は先ほどと同じように、それらをていねいにたたみ直しては一つずつ袋の中に収めていく。一連の行為は、目的が不明なぶんだけ、儀式のような緊張をはらんでいた。


二つの荷物は元どおりに収められ、机の上に乗せられた。

作業を終えた紫の女性の顔には、びっしりと汗が浮かんでいる。ファンデーションもピカピカのチークも、すっかり最盛期の状態から崩れ去っている。全身を覆っていたあの怒りのオーラはどこかに消え去り、そこに立っているのは老いの入口でたたずむ一人の女性だった。

「ふつうね、ふつうはね……」

こうつぶやくと彼女は少し泣きそうな顔になった。

そして夫の顔を見ながら言った。

「こういうときって、ぜーんぶ家族がやってくれるもんなのよ、家族がね」

先ほどとは打って変わった標準語だ。夫は、妻の顔を見つめながら直立不動の姿勢で、何度も何度もうなずいている。そんな様子を一瞥した妻は、やおら二つの荷物を両手に提げて早足でエレベーターのほうに向かった。夫はあわててその後を追いかけた。その姿はチャボが走る姿にそっくりだった。

視界から紫の女性夫婦の姿が消え、再びラウンジは、消音モードの男性と私だけになった。テレビでは、ちょうどアナウンサーが十一時のニュースの時間を告げていた。

私はテレビのほうを眺めてはいたが、短時間の濃厚なドラマを見たかのような余韻にひたっていた。

どれくらい経っただろう、少しずつその波が引きはじめたころ、男性は静かに振り返って私のほうを見た。彼の視線は、読書をされるならもう一度消音モードにしましょうかと問いかけていた。まるで内面が感知されているかのようなタイミングのよさに驚きながら、笑顔で首を振った。無言のままでも通じるという確信があったからだ。

しばらくのあいだ、二人は離れて座りながら、同じＮＨＫのニュースを見た。

出会いと別れ

ニュースが終わると同時にその男性は立ち上がり、私のほうに近づいてきた。少し無遠慮に思えたけれど、まるで風が吹いてくるような気配がした。

反射的に私は何食わぬ顔で、読みかけの本に目を落とした。どうせならふだん読めない長編小説をと選んだバルガス・リョサの『緑の家』である。本の表紙をちらと眺めたその男性は第一声を発した。

「おお、リョサですか」

即座の反応に驚いた。それなりに普段から本を読んでいなければそのひとことは発せない。いったい職業はなんだろう、大学の研究者だろうか、それとも……と頭の中でいつもの想像力がフル回転しはじめた。

私はできるだけ明るく答えた。

「よくご存じで。でも読みづらいですよね～」

「僕なんか手にも取りませんよ。いくらノーベル賞作家でもね」

「たしかに……」

二人はいっしょに声を上げて笑った。隣の椅子に片手を掛けて彼は座っていいですかと目で問いかけ、私はうなずきながら少し自分の椅子を引いて距離をつくった。

まるで旧知の間柄のような空気に包まれたせいか，私は翌日に心臓カテーテル検査を控えていることをすらすらと語った。うなずきながら聞いていた彼は，格別表情を崩すわけでもない。月並みな心配ばかりかけられることに食傷気味だった私にとって，それは好ましい反応だった。

「そういう患者さんは特権階級なんですよ」

ホルター心電計を付けているが動けないほどの病人でもない，検査が終われば二泊して退院することもできる。そんな自分はたしかに特権階級だ。

卓抜な比喩に妙に得心した。

「実は僕もなんですけどね」

そうだったのか，だからあんなに所在なげにラウンジに座っていたのだ。同類であることでいっそう彼に対する親しみが増した。

「ドックで引っかかって検査入院を命じられちゃいましてね。だから後輩のいるここにしたんですよ」

後輩という言葉を聞いたとたん，にわかに私は開放していた心の窓を閉め，わずかに身構えた。……ということは，目の前のこの男性は医者ってことじゃないか。あ～あ，おまけにこの年齢だ，自分の配下に多くの職種が働いていることが当たり前になっていても不思議じゃないぞ！　白髪混じりの長髪にも納得だ，企業の社員じゃこうはいかない……。

頭の中は再びフル稼働しはじめた。

親しみを感じていた空気が急にこわばってしまったが，なんとかそれを感知されないように努めた。記憶の中から、幾人もの同世代の精神科医の顔を思い浮かべた。彼らが無意識に身に付けてしまっている何かがある。近くに寄るとそれがにおう人もいれば、数は少ないがそうでない人もいる。気を許して話していると、何気ない会話やしぐさの中から突然それが顔を出す人もいる。

私はカウンセラーとしての長い経験から、精神科医という職業に就いている人間に対して深い警戒感を抱くようになっていた。いつのまにかその感覚は医師という職業全体にまで拡大されるいっぽうで、そうでない医師に対しては反対に全幅の信頼感を抱いてしまうのだった。

隣に座っているこの男性はいったいどちらに分類されるのだろう。

そう思いながら、私はすばやく彼の左手薬指に白く残った指輪の跡を観察していた。

「いいお天気ですね、外はかなり気温が高そうですよ」

突然彼は会話の流れを変えた。

紫の女性への〝消音モード対応〟をみても、彼は瞬時に場の空気を察知できるはずだ。おそらく、私に走った緊張を感じ取ったに違いない。

たとえ彼が医師であるとしても、勝手な反応によって気を遣わせてしまったことに対し申し訳なく思った。もしかすると彼自身も、病院のラウンジという特殊な場所で初対面の女性に職業まで話してしまったことを後悔しているのかもしれない。いずれにしてもここからどの方向に会話を持っていったらいいのだろう。

私がカウンセラーモードに切り替えれば、ことは簡単に運ぶことはわかっている。後輩の医師は何歳くらいですか？　どこの検査なんですか？　何をご専門にされているんですか？　と矢継ぎ早に質問して小

一時間ほど彼と会話を楽しむことはできる。そんな質問をされて会話に乗ってこない男性などいない。私には確信があった。合間に「すご〜い」「そうなんですか、なるほど」などと合いの手をはさめば完璧だ。

質問攻勢の合間を縫って逆に質問を浴びせる男性など、ほとんどいない。なかでも精神科医はそうだ。得々として自分のことばかり話す彼らを見ながら、「あ〜あ、こいつも自分にしか関心のない男なんだ。あんたなんかに関心持ってるはずないでしょ。それも見抜けないのか！」などと内心で啖呵を切るのが私のひそかな楽しみでもあった。

しかしその手は使いたくなかった。こんな場所で、特権階級どうしで、風が吹くように近づいてきた男性にカウンセラーモードになる必要もないだろう。

「退院するころにはもう葉桜になってるでしょうね。でもなんだか、退院して元の生活に戻るのが嫌になりません？」

「ハハハ、わかるなあ、でもそれは元気な人が言うことですね。失礼、言い過ぎたかな？」

私は首を横に振った。たしかにそうだ。おそらく検査結果は仕事を中断しなければならないほどではないだろう。退院すれば今までどおりの生活が待っている。そう思うからこそ退院が嫌になるのだ。

退院後の生活を思って、思わず肘をつき東京タワーをながめながらため息をついた。よほど気を許した相手の前でなければ見せないそんな姿勢をとったことに、自分でも驚いていた。

その男性の会話は、読書談義で終わった。活字中毒であること、部屋の床が書籍の重みで抜けそうであることは、彼も同じだった。それは周到に互いのプライバシーを迂回しながら、盛り上がれる最適の話題だった。

配膳車のガラガラという音が響きわたり食事時を告げるまでのあいだ、いったいどれくらいの時間が経ったのだろう。二人はほぼ同時に立ち上がり、無言のままラウンジの入口まで並んで歩いた。お互いパジャマ姿の男女なんて、よくよく考えれば夫婦以外にありえないはずだ。そう考えると、妙におかしくなって笑いそうになったが我慢した。

ラウンジの入口で立ち止まり彼に軽く手を振った。かすかに笑顔を浮かべ同じように手を振って、彼は反対側の病室のほうに歩いて行った。

その日の夕方には家族全員が病院に面会に来た。ラウンジに行くことはなぜか気が引けたので、ベッドを起こして横になっている私のまわりを四人が取り囲むようにして小声で雑談をした。

夫はがんばって料理をしたらしく、長男夫妻のために密閉容器に入れたグリーンピースの炊き込みごはんと筑前煮を持参した。

「お父様、ありがとうございます」と恐縮している長男の奥さんの傍らで、「パパったらね、朝から必死でレシピ見ながら大変だったんだから」と真衣が閉口したように訴えた。

料理をさせるとやたらに凝ってしまう夫は、退院したら塩分少な目の和食をマスターしたから大丈夫だと自慢げだ。

三年前の自分の手術のときを思い出したせいか、とにかく退院したら二人でおいしいお鮨を食べに行こうと三回も繰り返した。お鮨が食べたいと思ったころから体力の回復が始まった、というのが夫の強固な持論だったからだ。私は「はいはい」と返事をしながら、すでに頭の中では滅多に行けない銀座の久兵衛にしようと決めていた。

「明日、検査はトップバッターらしいから時間に遅れないでね」

夫は午前中会社を休んで検査に付き添うことになっている。日常生活を判で押したように過ごす夫は「カントみたいな人」と言われたほどだ。

「オッケー、いつもより一時間早く起きれば楽勝！」

妙にハイな調子で答えた夫を見ながら、やっぱり不安なのだろうと思った。

真衣は夫と入れ違いに、検査後しばらく右手を動かせない私のために付き添ってくれることになった。

「ママにあ〜んってごはん食べさせたげるからね」

「ああ、屈辱〜」

皆でどっと笑う光景の真ん中にいながら、私はそれをどこか遠くで見ている気分になった。病気になると家族の関心が自分に集中し、そのことですべてが洗い流されるような気分に浸ることができる。親からの関心をつなぎ止めるために、しょっちゅう骨折をして入退院を繰り返す子どもや、母親の目の前で首を吊ろうとする娘には、カウンセリングをとおして何人も出会ってきたはずだった。

私はベッドの周りを囲んでいる家族の笑い顔を見ながら、自分もその人たちと同じ気分を味わっているように思った。四人は病院にほど近いフレンチレストランにディナーを予約済みだという。真衣がちらりと不安げな顔を見せたので、私は元気よく言った。

「検査の前日にお葬式みたいな食事されるより、みんながおいしいもの食べてるって思ったほうがずっと元気になるわ！」

夕食後、看護師から翌日の検査について簡単な説明があった。すでに主治医からは説明を受けていたので、当日夕方に予定されている検査結果の説明スケジュールだけが気になった。

造影剤を入れるために、できれば手首から針を刺したいのだが、血管にうまく届かない場合は腕からになるようだ。どちらにしても右手を動かせないので真衣の助けを借りるしかない。得意気に食事を食べさせている真衣の顔が浮かんで思わず苦笑した。

今夜は入眠剤を飲まなくても眠れそうだ、いろいろなことがあったから……。消灯後それらを一つずつ思い出した。

カーテンの隙間から見えたノジマさんのまるで幼児みたいな顔つき。紫の女性の光る洋服と汗がにじみ脂の浮いた顔、そしてはちきれそうな背広姿でおどおどしていた夫の動作。そしてなにより心に残っているのが消音モードの男性だった。

思い返すたびに不思議な気分になる。名前すら聞いていなかったのに、もちろん私も名乗りはしなかったけれど、それはどうでもいいことのように思われた。時間にしたら一時間に満たなかったけれど、交わした言葉は数えるほどだったけれど、すべて暗記できるほどに鮮明に覚えている。

カウンセラーは言葉しか武器にできない。

薬を使い注射を打ち、腕を握って脈をとることもできない。

大げさに言えば、言葉に命を懸けて仕事をしてきた。私はそう考えていた。

言葉にならない感覚や言外の意を汲むことを厳しく禁じ、「目をつむって自分を抱きしめてあげましょう」といった身体感覚を使用することも斥けてきた。頑ななまでの言葉への執着が、家族関係を変えていくと信じてきたからだ。

ところがどうだろう。今の私の頭を占めているのは、言葉を必要としないあの濃密な時の流れだった。物狂おしいほどに取り乱していた紫の女性を見ながら私と同じ反応を示し、彼は風のように近づいてきたのだった。買ったばかりで折り目が残るベージュのパジャマ、耳にかかるほどに長い髪、長い左手薬指の結婚指輪の跡、すべてが好ましかった。

二人のあいだには言葉を必要としないほどゆったりとした空気が流れていたような気がする。それなのに……私はあのときの反応をどう整理していいのかわからなくなるのだった。

彼が医師だったことがどうして自分を緊張させたのだろう。根深い医師不信のせいだろうか。過去に何度も受けた医師からの屈辱的体験のせいだろうか。それだけではどうにも納得できないものがあった。

たぶん、私は医師という存在に巨大な権力を感じ取っていたのだ。それを行使される立場にあることに怯えつつ、実はその権力に対し羨望の念を抱き、あわよくば自らもそれを手にしたいと渇望していたのではないだろうか。それほどまでに権力への欲望が強かったとは認めたくなかったが。

「僕の後輩が……」というフレーズを聞いたとたんに、それまで漂っていたフラットでゆったりとした空気がガラガラと崩れたのは、二人のあいだに目に見えない段差が生まれたからに違いない。明らかに彼のほうが上に、私は下に位置していた。その落差が私を閉ざすことにつながった。そう認めるしかなかった。

では、医師である彼はあのとき、どう感じたのだろう。彼に聞いてみたいと思った。話題を急に変えたのはどうしてですか？　私の反応の背後にあなたは何を感じたのですか？　と。

多くの医師たちは骨の髄まで医療というものに浸食されていた。口々に医療の問題点を言いつのりながら、身振りや言葉の端々からは自らの立っている地平の自明性を疑っているようには思えなかった。しかし彼はどうだろう。一瞥してリョサをノーベル賞作家だと指摘した彼は、足元に広がる無数のヒエラルキーの階層をどの程度まで自覚していたのだろう。

なんとなく、ラウンジの入口で手を振ったのが最後のような気がした。もう会うことはないだろう、根拠なくそう思った。

時計はすでに十時半を指している。やれやれ、こんなことを考えていると眠れそうもない。私は天井に目を凝らしながら総括モードに入った。楽しいことを考えて、できるだけ平安な気分で眠りにつくのがいつもの習慣だった。

家族の入院や手術を経てかなりハードな体験をかいくぐってきたと思っていたが、自分が入院するということ、それも「特権階級」として患者になることは、短期間であってもずいぶん多くのことを考えさせてくれるものだと思った。特権階級という絶妙なキャッチコピーを与えてくれた一人の男性のことは、検査入院を思い出すたびによみがえるだろう。

ああ、いい出会いだった……。

ぼんやりと明るい病室の天井を眺めながら、いつのまにか私は眠ってしまった。

＊＊＊

検査室に向かう前にホリゾンを一錠飲んだ。気分を落ち着かせるためですよ、という看護師の説明を聞きながら、ホリゾン依存だった何人ものクライエントの顔がよぎった。

まるで肩こりがほぐれるように、固いつぼみが開くように、だんだん気分が和らいでくる。ずっとこんな気分でいられたら、ホリゾン依存も悪くはないなどと考えてしまうのも薬の効果だろう。

なんとか時間に間に合って夫がやってきた。ぜいぜいと息をしている姿を見ながら、心配しないでねと言いながら私は車椅子に乗った。

車椅子に乗ると、目線がふだんよりぐんと低くなる。歩くこともできない患者は、見上げるほどの存在である看護師にすべてを委ねるしかない。

さあ出発しますよ、という看護師の言葉で、検査室行きのエレベーターに乗り込む。朝食を食べていないのに不思議にお腹が空かない。

エレベーターを降りて検査室の入口に到着すると、音もなく銀色のドアが左右に開いた。部屋の中からは眩しいほどの白い光が放たれ、消毒薬剤のにおいが湧き起こるかのように私を包んだ。光の中でチョコチョコと動いているのは、カルガモのような主治医の姿だった。

メンデルスゾーンのバイオリンコンチェルトのメロディが高らかに響いている。

まるで晴れの舞台に上るかのように、私の車椅子は検査室の中に進んでいった。

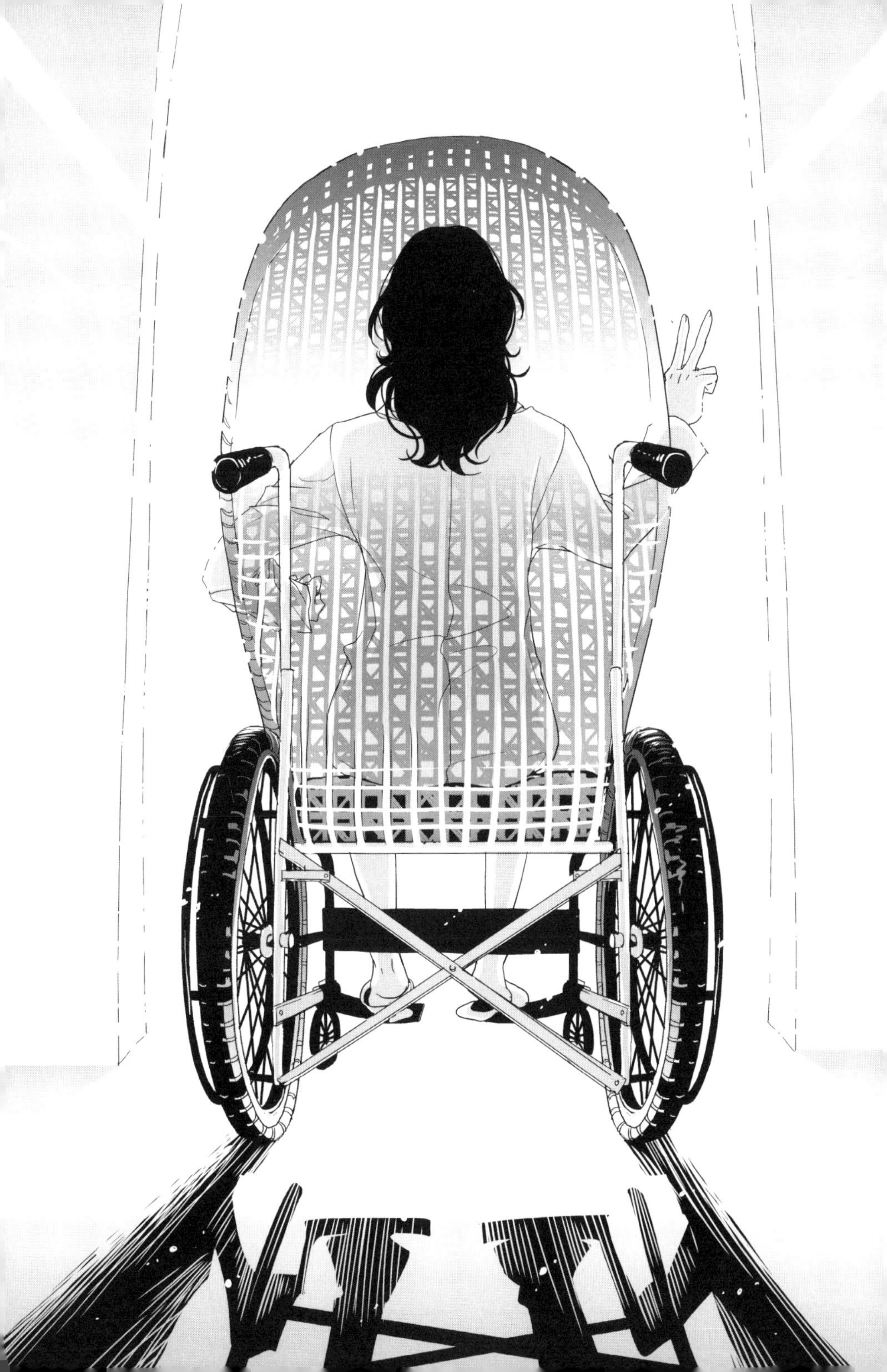

おわりに――私はなぜ見せるのか

本書は医学書院のウェブマガジン「かんかん!」の連載をベースにしているが、連載中に知人からこう言われた。

「あそこまで書いてしまって大丈夫なの?」

「企業秘密じゃないの?」

別の知人からも言われた。

「ずいぶん踏み込んで書いてますね。それにしても信田さんって暴露したがりなんですか?」

このような反応を聞いて、正直私は驚いてしまった。批判されたわけでもないのにあまりいい気持ちはしなかった。想定外の言葉だったからだ。

意図的に自分の仕事をあけすけに書いたつもりもないし、覚悟してすべてオープンにしようと思ったわけでもない。特に企業秘密もないし、カウンセリングの秘訣を披瀝しようというつもりもなかった。

それなのに、どうしてそのような反応を起こさせてしまったのだろう。

ここまで本書を読んでくださった読者のみなさんも、知人たちと同様の感想を抱かれるかもしれない。そこで最後に、「書きすぎ」「暴露しすぎ」と反応されてしまうことについて、ここであらためて振り返って理由を推測してみることとしよう。もしかして自分にとっては当たり前すぎることに、本書の大きな特徴と意味が含まれているかもしれない。

＊＊＊

まず、本書で精神療法や心理療法という言葉を使ってこなかった理由を述べておこう。

私たちは毎日のカウンセリングで、目の前のクライエントの「病理」や「症状」に着目して、それをなくそうとするわけではない。それは《治療》、すなわち広い意味での医療の役割である。私たちは病理や症状ではなく、「問題」や「困りごと」を対象として、その《解決》のための援助を行っている。ここまで読んでくださった皆さんなら、「治療ではなく解決である」というフレーズを、私がどれほどの重さで語っているかわかっていただけるだろう。そこで、治療を行う機関との境界を明確にするために、カウンセラー／カウンセリングという言葉に統一した。もちろんセラピストなどという言葉は一度も使用したことはない。

とはいうものの、実際には「カウンセラー」と「心理療法家・セラピスト」を明確に区別して使っている人はそれほど多くはないと思う。これらの言葉を聞いて、寝椅子（カウチ）に横たわった患者や、そこで行われる精神分析をイメージする人もいるかもしれない。

フロイトが精神分析を行うとき寝椅子を使用したのはよく知られているが、分析家は背後にいて姿が見えない。分析の〝隠れ蓑《みの》〟と言われるように、セラピストや分析家は、あたかもいないかのように姿をさらしてこなかった。事実、長年精神分析を受けた経験のあるクライエントは、カウンセリングの場で私というカウンセラーを、そこにいない人のようにして語るという特徴がある。それほどまでに一方的に語るものらしい。

二一世紀になってさまざまな新しい潮流が生まれているが、多くの精神療法で基本になっている「セラピストやカウンセラーが自分の姿をさらさない」という姿勢はそれほど変わっていない。表情を変えたり口調に感情が出たりすることを抑制する。そんな日常の人間関係とはかけ離れた態度をとることが専門家として求められたりするのだ。

隠れ蓑という言葉は、映画「ハリー・ポッター」のあるシーンを思い出させる。ハリーが魔法のベールをかぶると、相手からは自分の姿が見えなくなる。ハリーは自由に立ち回り、敵の裏をかくことができる。同じようにクライエントから見えないことで、分析家は相手を解釈する自由を得るのだろう。おまけに無意識というクライエントが自覚していないものを対象とすることで、ますます分析家の立場は、「私はそれを知っている」という知の独占によって権威を帯びる。一見控えめで、目立たない態度や存在のしかたの背後には、このようなクライエントとの力関係が潜んでいる。

本書では、「目立たない存在としてのカウンセラー」という多くの人たちが抱く先入観を、やりすぎと言われるほど手の内を明かすことで裏切ってしまうはずだ。だから冒頭のような感想を投げかけられるのだろう。たしかに隠れ蓑に姿を隠せば分析という作業はやりやすくなるだろうが、カウンセラーとクライエントの対等性が志向されるこの時代に、そんな形で生きながらえるような権力性に私は興味はない。

しかしそれだけではない。もっとも大きな理由は、それが必要だからである。カウンセリングの効果をあげるために必須なのだ。以下、そのことについて少し述べる。

＊＊＊

読者に対して公開するということは、クライエントに対しても公開することになる。カウンセリングにやってくる人たちの多くは私の著作を読んでいる。だから手の内を見せることは実はクライエントに対する公開であり、それはカウンセラーである私からの、このうえない信頼の表現でもある。身を隠すのは危険な相手に出会ったときである。危険でなければ隠す必要はない。猫だってお腹を見せて伸びをする。

カウンセラーが自分を公開するということは、「あなたを危険な存在だなどと考えていない」「とにかく信頼している」ということの表明である。通常はクライエントが胸の内を全部公開するものだと考えられているが、私は自分のほうからクライエントを信頼していることを一方的に表現する。その信頼の表明が相手にどう受け止められるかわからないが、それでも私から投げかける。

この投げかけによって生じるのは、私の声に呼応するかのような「そこまで信頼してくれるのなら、私からあなたに託してもいいのですね」というクライエントからの付託である。もしカウンセラーとして私が権力的であることが許されるとすれば、ひとえにこの付託によってである。

力ある存在であってほしいというクライエントからの付託は、私に介入する権利を与えるだろう。「もうどうしようもないのです」というクライエントからの訴えは、入り込んでいくことへの私のためらいを払しょくする。ためらいは私自身の保身なのかもしれない。だから勇気を出さなければ、と思うのだ。

このように介入にまつわる積極性や力と見えるものは、あくまで「私からの信頼」への呼応であるクライエントの付託によって正当化され、それが私にとっては義務や責務として意識されるようになる。この付託は、重いものである。クライエントの存在をいったん引き受ける覚悟がなければ、とうてい受け止められないほど重い。ときに私を疲弊させ、恐れおののかせることもある。この恐れがどこからくるのか、なぜ疲れるのかを考えるのは毎度のことである。

でも一方で、その重さが私を奮い立たせる。重力がこの地上に私をつなぎ止めてくれるように、クライエントを引き受ける覚悟は、その重さゆえに私の役割と存在意義を実感させてくれるものである。重さがもたらす疲労感と、存在意義や役割意識の賦活という微妙なバランス。どこか闇雲で、賭けにも似た覚悟の上でようやく成り立つこのバランスこそが、私にとっての生命線なのだ。

今、「覚悟」と言った。心理学用語からほど遠いこの言葉は、私がもっとも好きな言葉の一つである。

クライエントとの関係は、カウンセリング料金と引き換えに発生する関係にすぎない。たしかにそうなのだが、クライエントの言葉を聞きながらいつも自問自答している。私はクライエントを引き受ける覚悟があるかどうかと。

そのことを誰よりも厳しく査定しているのはクライエントである。言葉で言われたことはないが、そう私は確信している。クライエントは料金を支払ってカウンセラーと出会う。そのとき、自分の語った内容、我が家で起きている数々の問題を、目の前のカウンセラーはどこまで引き受ける覚悟があるのかを必死で見極めようとする。逃げ腰だったり、美しい言葉でまとめたり、怖がっていることを、瞬時に見抜くのである。特に広義の「被害」や家族の問題に苦しんでいる人はそうだ。

カウンセラーの姿勢が、実はクライエントによって査定されているということ。そのことへの畏れと謙虚さは、逆転移などという陳腐な言葉で表現されるべきではない。むしろカウンセラーの必要条件だと思う。もっと大胆に言ってしまえば、カウンセリングの効果は技法や流派などという専門知ではなく、このカウンセラーの「姿勢」と「覚悟」によってもたらされるのではないだろうか。

＊＊＊

本書をまとめるにあたって、同業者の反応が気にならなかったわけではない。もっと専門知をちりばめて専門書らしい体裁をとったほうがよかったのではないかと思うこともあった。しかし背中を押してくれたのは、多くのクライエントや友人たちだった。専門家ではない人たちの言葉が私の力となったのだ。それに、指折り数えれば二十年近くなるカウンセリングセンターでの実績が大きな自信を与えてくれた。

カウンセリングという仕事が社会の中で位置づくこと、カウンセラーという職種が多くの人たちに認知されることが、なによりの私の願いである。それは二十年前から変わっていない。本書がそのための一助となればと思う。そして、こんなカウンセラーもいるということを知ってもらえればうれしい。

これまで出会ったクライエントの皆さんとのかかわりによって、多くのヒントや発想が生まれた。職場の仲間たちとの協働作業が、カウンセラーとしての実践を支えてくれたことも強調したい。ありがとうございました。

おそらく本書の表紙に驚かれた方も多いだろう。初めて見たとき思わず息を呑んでしまった私だが、二秒後にはお腹を抱えて笑っていた。なんてすばらしい表紙なんだろう。エマニュエル夫人のような姿は美しすぎるカウンセラーだし、おまけにちょっとだけエロい。ああ、こんな挿絵を書いてもらえるなんて著者冥利に尽きる。斬新な絵を書いてくださったのは、少女漫画家の一ノ瀬かおるさんである。感謝と同時にこれからのご活躍を祈りたい。

最後に、連載のきっかけを与えてくださり、話し合いながら一冊の本にまとめる伴走者として励まし続けてくださった医学書院の白石正明さんに心からの感謝を述べたい。

信田さよ子

四十五年ぶりの大雪の夜に

著者紹介

信田さよ子（のぶた・さよこ）

1946年岐阜県生まれ。お茶の水女子大学文教育学部哲学科卒業。お茶の水女子大学大学院修士課程修了。駒木野病院、嗜癖問題臨床研究所付属原宿相談室を経て、1995年原宿カウンセリングセンター設立、同所長。アルコール依存症、摂食障害、ドメスティックバイオレンス、子どもの虐待などの問題に取り組んでいる。日本臨床心理士会理事、日本心理劇学会理事、日本外来精神医療学会常任理事、お茶の水女子大学非常勤講師他。

主な著書に『アディクションアプローチ』『ＤＶと虐待』（ともに医学書院）、『愛しすぎる家族が壊れるとき』（岩波書店）、『依存症』（文春新書）、『増補ザ・ママの研究』（よりみちパン！セ／イースト・プレス）、『母が重くてたまらない』『さよなら、お母さん』（春秋社）、『家族の悩みにお答えしましょう』（朝日新聞出版）、『コミュニケーション断念のすすめ』（亜紀書房）、『依存症臨床論』（青土社）ほか多数。

シリーズ ケアをひらく

カウンセラーは何を見ているか

発行　2014年5月1日　第1版第1刷©
　　　2015年2月1日　第1版第4刷

著者　信田さよ子

発行者　株式会社　医学書院
　　　　代表取締役　金原 優
　　　　〒113-8719　東京都文京区本郷1-28-23
　　　　電話 03-3817-5600（社内案内）

装幀　加藤愛子（オフィスキントン）
カバー・本文画　一ノ瀬かおる

印刷・製本　アイワード

ISBN978-4-260-02012-1

◎本書のテキストデータを提供します。
視覚障害、読字障害、上肢障害などの理由で本書をお読みになれない方には、電子データを提供いたします。
・200円切手
・返信用封筒 (住所明記)
・左のテキストデータ引換券 (コピー不可) を同封のうえ、下記までお申し込みください。
［宛先］
〒113-8719 東京都文京区本郷1-28-23
医学書院看護出版部 テキストデータ係

テキストデータ引換券
カウンセラーは何を見ているか

下記価格は本体価格です。
ご購入の際には消費税が加算されます。

ケア学：越境するケアへ●広井良典●2300円●ケアの多様性を一望する―――どの学問分野の窓から見ても、〈ケア〉の姿はいつもそのフレームをはみ出している。医学・看護学・社会福祉学・哲学・宗教学・経済・制度等々のタテワリ性をとことん排して〝越境〟しよう。その跳躍力なしにケアの豊かさはとらえられない。刺激に満ちた論考は、時代を境界線引きからクロスオーバーへと導く。

気持ちのいい看護●宮子あずさ●2100円●患者さんが気持ちいいと、看護師も気持ちいい、か?―――「これまであえて避けてきた部分に踏み込んで、看護について言語化したい」という著者の意欲作。〈看護を語る〉ブームへの違和感を語り、看護師はなぜ尊大に見えるのかを考察し、専門性志向の底の浅さに思いをめぐらす。夜勤明けの頭で考えた「アケのケア論」!

感情と看護：人とのかかわりを職業とすることの意味●武井麻子●2400円●看護師はなぜ疲れるのか―――「巻き込まれずに共感せよ」「怒ってはいけない!」「うんざりするな!!」。看護はなにより感情労働だ。どう感じるべきかが強制され、やがて自分の気持ちさえ見えなくなってくる。隠され、貶められ、ないものとされてきた〈感情〉をキーワードに、「看護とは何か」を縦横に論じた記念碑的論考。

あなたの知らない「家族」：遺された者の口からこぼれ落ちる13の物語●柳原清子●2000円●それはケアだろうか―――幼子を亡くした親、夫を亡くした妻、母親を亡くした少女たちは、佇む看護師の前で、やがて「その人」のことを語りはじめる。ためらいがちな口と、傾けられた耳によって紡ぎだされた物語は、語る人を語り、聴く人を語り、誰も知らない家族を語る。

病んだ家族、散乱した室内：援助者にとっての不全感と困惑について●春日武彦●2200円●善意だけでは通用しない―――一筋縄ではいかない家族の前で、われわれ援助者は何を頼りに仕事をすればいいのか。罪悪感や無力感にとらわれないためには、どんな「覚悟とテクニック」が必要なのか。空疎な建前論や偽善めいた原則論の一切を排し、「ああ、そうだったのか」と腑に落ちる発想に満ちた話題の書。

べてるの家の「非」援助論：そのままでいいと思えるための25章●浦河べてるの家●2000円●それで順調！―――「幻覚＆妄想大会」「偏見・差別歓迎集会」という珍妙なイベント。「諦めが肝心」「安心してサボれる会社づくり」という脱力系キャッチフレーズ群。それでいて年商1億円、年間見学者2000人。医療福祉領域を超えて圧倒的な注目を浴びる〈べてるの家〉の、右肩下がりの援助論！

物語としてのケア：ナラティヴ・アプローチの世界へ●野口裕二●2200円●「ナラティヴ」の時代へ―――「語り」「物語」を意味するナラティヴ。人文科学領域で衝撃を与えつづけているこの言葉は、ついに臨床の風景さえ一変させた。「精神論 vs. 技術論」「主観主義 vs. 客観主義」「ケア vs. キュア」という二項対立の呪縛を超えて、臨床の物語論的転回はどこまで行くのか。

見えないものと見えるもの：社交とアシストの障害学●石川准●2000円●だから障害学はおもしろい―――自由と配慮がなければ生きられない。社交とアシストがなければつながらない。社会学者にしてプログラマ、全知にして全盲、強気にして気弱、感情的な合理主義者……〝いつも二つある〟著者が冷静と情熱のあいだで書き下ろした、つながるための障害学。

死と身体：コミュニケーションの磁場●内田 樹●2000円●人間は、死んだ者とも語り合うことができる―――〈ことば〉の通じない世界にある「死」と「身体」こそが、人をコミュニケーションへと駆り立てる。なんという腑に落ちる逆説！「誰もが感じていて、誰も言わなかったことを、誰にでもわかるように語る」著者の、教科書には絶対に出ていないコミュニケーション論。読んだ後、猫にもあいさつしたくなります。

ALS 不動の身体と息する機械●立岩真也●2800円●それでも生きたほうがよい、となぜ言えるのか―――ALS当事者の語りを渉猟し、「生きろと言えない生命倫理」の浅薄さを徹底的に暴き出す。人工呼吸器と人がいれば生きることができると言う本。「質のわるい生」に代わるべきは「質のよい生」であって「美しい死」ではない、という当たり前のことに気づく本。

べてるの家の「当事者研究」●浦河べてるの家●2000円●研究？ ワクワクするなあ―――べてるの家で「研究」がはじまった。心の中を見つめたり、反省したり……なんてやつじゃない。どうにもならない自分を、他人事のように考えてみる。仲間と一緒に笑いながら眺めてみる。やればやるほど元気になってくる、不思議な研究。合い言葉は「自分自身で、共に」。そして「無反省でいこう！」

ケアってなんだろう●小澤勲編著●2000円●「技術としてのやさしさ」を探る七人との対話―――「ケアの境界」にいる専門家、作家、若手研究者らが、精神科医・小澤勲氏に「ケアってなんだ？」と迫り聴く。「ほんのいっときでも憩える椅子を差し出す」のがケアだと言い切れる人の《強さとやさしさ》はどこから来るのか―――。感情労働が知的労働に変換されるスリリングな一瞬！

こんなとき私はどうしてきたか●中井久夫●2000円●「希望を失わない」とはどういうことか―――はじめて患者さんと出会ったとき、暴力をふるわれそうになったとき、退院が近づいてきたとき、私はどんな言葉をかけ、どう振る舞ってきたか。当代きっての臨床家であり達意の文章家として知られる著者渾身の一冊。ここまで具体的で美しいアドバイスが、かつてあっただろうか。

発達障害当事者研究：ゆっくりていねいにつながりたい●綾屋紗月＋熊谷晋一郎●2000円●あふれる刺激、ほどける私―――なぜ空腹がわからないのか、なぜ看板が話しかけてくるのか。外部からは「感覚過敏」「こだわりが強い」としか見えない発達障害の世界を、アスペルガー症候群当事者が、脳性まひの共著者と探る。「過剰」の苦しみは身体に来ることを発見した画期的研究！

ニーズ中心の福祉社会へ：当事者主権の次世代福祉戦略●上野千鶴子＋中西正司編●2100円●社会改革のためのデザイン！ ビジョン!! アクション!!!―――「こうあってほしい」という構想力をもったとき、人はニーズを知り、当事者になる。「当事者ニーズ」をキーワードに、研究者とアクティビストたちが「ニーズ中心の福祉社会」への具体的シナリオを提示する。

コーダの世界：手話の文化と声の文化●澁谷智子●2000円●生まれながらのバイリンガル?———コーダとは聞こえない親をもつ聞こえる子どもたち。「ろう文化」と「聴文化」のハイブリッドである彼らの日常は驚きに満ちている。親が振り向いてから泣く赤ちゃん? じっと見つめすぎて誤解される若い女性? 手話が「言語」であり「文化」であると心から納得できる刮目のコミュニケーション論。

技法以前：べてるの家のつくりかた●向谷地生良●2000円●私は何をしてこなかったか———「幻覚&妄想大会」をはじめとする掟破りのイベントはどんな思考回路から生まれたのか? べてるの家のような〝場〟をつくるには、専門家はどう振る舞えばよいのか? 「当事者の時代」に専門家にできることを明らかにした、かつてない実践的「非」援助論。べてるの家スタッフ用「虎の巻」、大公開!

逝かない身体：ALS的日常を生きる●川口有美子●2000円●即物的に、植物的に——言葉と動きを封じられたALS患者の意思は、身体から探るしかない。ロックトイン・シンドロームを経て亡くなった著者の母を支えたのは、「同情より人工呼吸器」「傾聴より身体の微調整」という究極の身体ケアだった。重力に抗して生き続けた母の「植物的な生」を身体ごと肯定した圧倒的記録。

第41回大宅壮一ノンフィクション賞受賞作

リハビリの夜●熊谷晋一郎●2000円●痛いのは困る——現役の小児科医にして脳性まひ当事者である著者は、《他者》や《モノ》との身体接触をたよりに、「官能的」にみずからの運動をつくりあげてきた。少年期のリハビリキャンプにおける過酷で耽美な体験、初めて電動車いすに乗ったときの時間と空間が立ち上がるめくるめく感覚などを、全身全霊で語り尽くした驚愕の書。

第9回新潮ドキュメント賞受賞作

その後の不自由●上岡陽江+大嶋栄子●2000円●〝ちょっと寂しい〟がちょうどいい——トラウマティックな事件があった後も、専門家がやって来て去っていった後も、当事者たちの生は続く。しかし彼らはなぜ「日常」そのものにつまずいてしまうのか。なぜ援助者を振り回してしまうのか。そんな「不思議な人たち」の生態を、薬物依存の当事者が身を削って書き記した当事者研究の最前線!

第 2 回日本医学
ジャーナリスト協会賞
受賞作

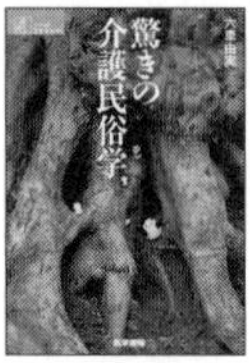

驚きの介護民俗学●六車由実●2000 円●語りの森へ——気鋭の民俗学者は、あるとき大学をやめ、老人ホームで働きはじめる。そこで流しのバイオリン弾き、蚕の鑑別嬢、郵便局の電話交換手ら、「忘れられた日本人」たちの語りに身を委ねていると、やがて新しい世界が開けてきた……。「事実を聞く」という行為がなぜ人を力づけるのか。聞き書きの圧倒的な可能性を活写し、高齢者ケアを革新する。

ソローニュの森●田村尚子●2600 円●ケアの感触、曖昧な日常——思想家ガタリが終生関ったことで知られるラ・ボルド精神病院。一人の日本人女性の震える眼が掬い取ったのは、「フランスのべてるの家」ともいうべき、患者とスタッフの間を流れる緩やかな時間だった。ルポやドキュメンタリーとは一線を画した、ページをめくるたびに深呼吸ができる写真とエッセイ。B5 変型版。

弱いロボット●岡田美智男●2000 円●とりあえずの一歩を支えるために——挨拶をしたり、おしゃべりをしたり、散歩をしたり。そんな「なにげない行為」ができるロボットは作れるか?　この難題に著者は、ちょっと無責任で他力本願なロボットを提案する。日常生活動作を規定している「賭けと受け」の関係を明るみに出し、ケアをすることの意味を深いところで肯定してくれる異色作！

当事者研究の研究●石原孝二編●2000 円●で、当事者研究って何だ?——専門職・研究者の間でも一般名称として使われるようになってきた当事者研究。それは、客観性を装った「科学研究」とも違うし、切々たる「自分語り」とも違うし、勇ましい「運動」とも違う。本書は哲学や教育学、あるいは科学論と交差させながら、“自分の問題を他人事のように扱う”当事者研究の圧倒的な感染力の秘密を探る。

摘便とお花見：看護の語りの現象学●村上靖彦●2000 円●とるにたらない日常を、看護師はなぜ目に焼き付けようとするのか——看護という「人間の可能性の限界」を拡張する営みに吸い寄せられた気鋭の現象学者は、共感あふれるインタビューと冷徹な分析によって、その不思議な時間構造をあぶり出した。巻末には圧倒的なインタビュー論を付す。看護行為の言語化に資する驚愕の一冊。

坂口恭平躁鬱日記●坂口恭平●1800円●僕は治ることを諦めて、「坂口恭平」を操縦することにした。家族とともに。——マスコミを席巻するきらびやかな才能の奔出は、「躁」のなせる業でもある。「鬱」期には強固な自殺願望に苛まれ外出もおぼつかない。この病に悩まされてきた著者は、あるとき「治療から操縦へ」という方針に転換した。その成果やいかに！　涙と笑いと感動の当事者研究。

カウンセラーは何を見ているか●信田さよ子●2000円●傾聴？　ふっ。——「聞く力」はもちろん大切。しかしプロなら、あたかも素人のように好奇心を全開にして、相手を見る。そうでなければ〈強制〉と〈自己選択〉を両立させることはできない。若き日の精神科病院体験を経て、開業カウンセラーの第一人者になった著者が、「見て、聞いて、引き受けて、踏み込む」ノウハウを一挙公開！

クレイジー・イン・ジャパン：べてるの家のエスノグラフィ●中村かれん●2200円●日本の端の、世界の真ん中。——インドネシアで生まれ、オーストラリアで育ち、イェール大学で教える医療人類学者が、べてるの家に辿り着いた。7か月以上にも及ぶ住み込み。10年近くにわたって断続的に行われたフィールドワーク。べてるの「感動」と「変貌」を、かつてない文脈で発見した傑作エスノグラフィ。付録DVD「Bethel」は必見の名作！